Réinventer la communication interne avec Microsoft 365

Comprendre pourquoi et comment Microsoft 365 peut révolutionner votre stratégie de communication interne d'entreprise

Auteur : Christophe Coupez
Illustrations, images : Freepick

© Christophe Coupez
https://www.digital-inside.fr

Toute reproduction ou représentation intégrale ou partielle du présent ouvrage sans le consentement de son auteur est strictement interdit

Réinventer la communication interne avec Microsoft 365

« Ils ne savaient pas que c'était impossible,
alors ils l'ont fait »

Mark Twain

Édition : BoD – Books on Demand, info@bod.fr
Impression : BoD – Books on Demand, In de Tarpen 42, Norderstedt
(Allemagne) Impression à la demande
ISBN : 978-2-3220-9542-1
Dépôt légal : Février 2023

Le mot de l'auteur

Pendant près de quinze ans, de 2000 à 2015, avec ma petite équipe, j'ai eu la chance et le plaisir d'accompagner la direction de la communication interne de Bouygues Telecom, en qualité de maîtrise d'œuvre informatique.

Dès l'année 2000, dans une collaboration qu'on n'appelait pas encore « agile » à cette époque, nous avons imaginé ensemble de nouveaux scénarios pour développer l'intranet Wooby. Ces idées innovantes avaient été récompensées par plusieurs prix nationaux et internationaux au fil des années.

Ces quinze années Bouygues Telecom ont été un laboratoire extraordinaire et unique pour explorer de nouvelles solutions, essayer de nouvelles orientations et sans cesse innover pour enrichir l'expérience du collaborateur et ses scénarios de travail : déploiement de SharePoint dès 2001, premier intranet mobile sur téléphone Nec21 iMode en 2003, portail vidéo d'entreprise en 2009, réseau social d'entreprise en 2011. Ces années ont clairement forgé mon approche actuelle.

Depuis 2015, j'interviens dans les entreprises comme consultant en transformation digitale interne avec Microsoft 365. J'accompagne les entreprises, petites et grandes, à imaginer un nouveau quotidien avec les solutions de Microsoft 365 pour collaborer et pour communiquer plus efficacement et plus simplement.

Du fait de mon parcours, le domaine de la communication interne a toujours été un sujet de grand intérêt pour moi, mais aussi parce que communication interne et efficacité collective sont aujourd'hui de plus en plus étroitement liées.

Au cours de ces quatre dernières années, je vois des révolutions dans ce domaine. Les nouveaux usages apportés par les outils de Microsoft 365 permettent d'imaginer des scénarios de communication et de collaboration impensables il y a encore quelques années. Encore faut-il les voir, les comprendre et avoir l'ambition de les mettre en œuvre en modifiant certaines postures.

C'est cette perception et ces visions du sujet de la communication interne d'entreprise que je souhaitais partager avec vous dans ce livre en ayant conscience que je vais bousculer quelques totems.

Alors, si vous le voulez, suivez-moi vers une nouvelle communication interne d'entreprise réinventée avec Microsoft 365.

L'auteur

Christophe Coupez est consultant en transformation digitale interne des entreprises avec Microsoft 365 au sein de la société ABALON.

Il a passé 20 ans au sein du Groupe Bouygues, tout d'abord comme auditeur interne Groupe en informatique, puis chez Bouygues Telecom pendant 15 ans comme responsable des solutions collaboratives et maître d'œuvre intranet.

Il est l'auteur du site https://www.digital-inside.fr et du livre « **le digital interne d'entreprise** » paru aux éditions Mardaga en 2019.

Remerciements

J'ai beaucoup de monde à remercier : des personnes qui m'ont aidé, inspiré, encouragé souvent sans même le savoir. Alors, merci à …

- Toute l'équipe de Bouygues Telecom de 2000 à 2015, collègues de la communication interne, mes collègues directs, anciens prestataires et mes managers, grâce à qui j'ai pu explorer de nouvelles orientations toujours plus innovantes pendant plus de quinze années,
- Patrick et Nathalie Guimonet, fondateurs et dirigeants d'Abalon, qui m'encouragent et me guident depuis huit ans, et qui m'ont appris mon nouveau métier de consultant quand je les ai rejoints après presque vingt années au sein du Groupe Bouygues,
- Mes clients, tous mes clients, qui me font confiance, qui sont la source de mon inspiration, qui me poussent toujours à trouver de nouvelles orientations et qui me challengent constamment, avec une dédicace spéciale pour Romain CADIOU, en charge du développement des usages digitaux chez BOUYGUES SA,
- Mes collègues chez Abalon, toujours disponibles avec bienveillance pour partager leurs précieuses connaissances sur tous les sujets de Microsoft 365 et qui répondent aux questions quand on a besoin de leur expertise,
- Les différentes personnes qui ont accepté de témoigner dans ce livre et que vous allez bientôt découvrir au travers de leurs belles histoires,
- David Porcheron, directeur de la dynamique interne et de la communication interne du groupe Covéa, à qui j'ai emprunté à mille reprises dans ce livre le terme « *mettre en mouvement l'entreprise* »,
- Les internautes et abonnés LinkedIn qui lisent mes publications sur mon site et qui m'apportent très souvent les petits commentaires qui, mine de rien, m'encouragent à faire d'autres publications, avec une dédicace spéciale à Elodie GUIU de La Poste qui m'encourage régulièrement,
- Ma petite famille, mon épouse Agnès, mon fils Stanislas (13 ans) et ma fille Clémence (10 ans), qui acceptent que je reste souvent enfermé dans mon bureau tard le soir et le week-end, à écrire sur un sujet qui leur semble complètement abstrait, assis sur une petite chaise parce que Phoenix notre chat m'a piqué mon beau fauteuil,
- Et vous, qui prendrez le temps de lire ce livre jusqu'au bout, pour que ce travail serve tout de même à quelque chose.

A toutes et à tous, merci !

Avant de commencer

Avant de commencer, je voulais faire quelques remarques :

- UNE VISION PERSONNELLE - Ce que j'expose dans ce livre est ma propre vision d'une nouvelle stratégie de communication interne avec Microsoft 365. Je n'ai aucunement la prétention de dire que c'est l'unique vision qu'il faut en avoir. C'est juste la mienne : elle est le fruit de mon expérience, de mon vécu, de ma sensibilité, de mes attentes de salarié, de mes connaissances des outils et de leurs usages, de mes missions chez mes clients & des réussites, de mes propres convictions. D'autres experts de la question auront certainement d'autres approches et c'est tant mieux, car ainsi est fait le monde : nous sommes tous différents.

- UNIQUEMENT NATIF 365 - J'ai pris le parti de ne parler que des outils disponibles au travers des seules licences Microsoft 365, sans aucun autre éditeur ni outil complémentaire. Deux raisons à cela, la première : c'est ma ligne de conduite car tous mes clients recherchent des solutions économiques, incluses dans les licences Microsoft 365 qu'ils paient déjà. La Seconde : si je parle d'un produit, je dois tous les évoquer et les comparer, ce qui n'est ni ma spécialité, ni l'objet de ce livre. Pour autant, d'excellents produits qui « augmentent » Microsoft 365 et SharePoint existent, comme Mozzaik 365 et Powell 365 pour ne citer que ceux-là : vous pourrez les découvrir par vous-mêmes.

- DIGITAL ET PAS NUMERIQUE – Le 9 mars, le Journal Officiel de la République française a émis un avis de la commission d'enrichissement de la langue française concernant le vocabulaire de l'informatique. Cet avis stipule qu'il ne faut désormais plus dire [digital] mais [numérique] qui est le bon mot français. Pour ma part, je continue à utiliser le mot [digital] pour les raisons que j'évoque dans mon article « digital ou numérique, le grand débat » disponible sur mon site digital-inside.fr.

- SCENARIOS ET PAS SCENARII – Lorsque je parle des « scénarios de travail », vous êtes nombreux à m'indiquer qu'on dit écrire « des scénarii » (issu du latin). En fait, depuis 1990, l'Académie française est formelle : le pluriel de scénario est bien « scénarios ». Et là, pour le coup, je respecte leur recommandation.

Sommaire

Le métier de la communication interne	11
Les limites de la communication traditionnelle	17
Communication interne et transformation digitale	25
Vers une nouvelle stratégie de communication interne	29
Un nouvel écosystème pour de nouveaux usages	41
De l'intranet au hub d'entreprise	53
Le réseau social d'entreprise	93
La place de Teams dans la communication interne	121
La communication interne réinventée	139
Imaginez l'avenir	145
Besoin d'aide (contacts)	149

Le métier de la communication interne

Précisons les choses tout de suite : je ne suis pas un professionnel de la communication interne. Je n'ai donc pas la prétention ici d'expliquer le métier. Ce n'est ni mon objectif, ni ma formation.

Ma seule ambition ici est de faire découvrir de nouveaux scénarios de communication avec l'appui de solutions digitales qui sont largement méconnues et de vous inspirer une nouvelle vision sur le sujet.

Mais avant de nous lancer dans cette découverte, je voulais dire quelques mots sur ce métier difficile que j'ai découvert en travaillant avec de vrais professionnels de la communication interne depuis bientôt vingt-trois ans.

Un métier difficile

Après quinze années à évoluer en collaboration directe avec la direction de la communication interne de Bouygues Telecom, je mesure particulièrement bien les difficultés de ce métier.

Le métier de la communication interne ne se limite pas à diffuser de l'information. L'objectif est d'emmener tous les collaborateurs dans une même direction, celle dictée par la stratégie de l'entreprise.

Lorsqu'il s'agit d'un grand groupe international, ça se compare à faire changer de direction un énorme paquebot, pour le mettre dans la bonne direction et à la bonne vitesse.

Et lorsque la concurrence impose un changement de stratégie radical, il est plus que nécessaire que le paquebot puisse changer de direction rapidement. Sinon, l'iceberg est droit devant et on connait la fin de l'histoire.

On ne parle donc pas simplement que d'informer. On parle aussi d'engager les collaborateurs auprès de la marque. On parle de diffuser la fierté d'appartenance et de motivation. On parle de créer et de promouvoir une certaine culture d'entreprise.

C'est David Porcheron, du groupe COVEA, qui a parfaitement compris cette dimension. Il a rebaptisé donnant ce nom à sa direction : *"direction de la dynamique interne"*. Car il s'agit bien de cela : informer les collaborateurs, certes, mais aussi (et c'est son expression que je réutiliserai souvent dans ce livre) « *mettre en mouvement l'entreprise* ».

L'obsession de vouloir atteindre tous les collaborateurs

Soyons clair tout de suite : je n'apporte ici aucune baguette magique ni aucun outil qui vous permettra de mettre en œuvre une stratégie de communication interne parfaite et idéale. Je n'ai pas non plus la prétention d'affirmer que toutes mes recommandations permettront de résoudre toutes les difficultés de la communication interne en entreprise. Loin de là.

La communication interne parfaite n'existe pas, tout simplement parce que les collaborateurs sont tous différents. Certains collaborateurs sont à l'écoute, curieux, « corporate ». D'autres sont tout le contraire. Quand les premiers suivent l'actualité de leur entreprise au travers des publications internes et s'y intéressent, les autres se font un devoir d'ignorer toute l'information qui vient de la direction. Et vous pourrez faire tout ce que vous voudrez, utiliser n'importe quel outil, vous ne changerez pas cette réalité.

Lorsque je parle aux responsables de communication interne des entreprises, leur obsession est de pouvoir « toucher » tous les collaborateurs : c'est-à-dire s'assurer que tout le monde, dans l'entreprise a reçu l'information, l'a vu, l'a lu et l'a prise en compte. Envoyer un mail leur donne faussement cette illusion de « toucher » le collaborateur. Nous y reviendrons.

Ainsi, si vous pensez que ces nouvelles solutions qui ne reposent pas sur le mail ne vous garantiront pas de « toucher » tous les collaborateurs, eh bien… vous avez complètement raison. Et ça sera toujours le cas, quel que soit l'outil.

Quelques soient vos efforts, quelques soient les outils, certains de vos collaborateurs resteront complètement hermétiques à toute forme de communication. *« On ne force à boire un âne qui n'a pas soif »* dit l'adage populaire. L'analogie de l'âne et du collaborateur n'est évidemment pas heureuse dans le cadre de l'entreprise : que cela reste entre nous ! Mais l'image est ô combien parlante. Très récemment, un de mes clients (Xavier, si vous me lisez, …) avait complété ma phrase par *« … mais on peut l'assoiffer pour lui donner envie d'aller boire »*. Il a raison, et nous allons voir comment nous pouvons le faire.

Les premières révolutions digitales de la communication

Cela ne me rajeunit pas mais j'ai l'incroyable chance d'avoir démarré ma carrière au moment même de la naissance des premiers intranets. Je suis arrivé chez Bouygues Telecom le 23 février 2000, pile le jour de mon 30ième anniversaire : et franchement, je ne pouvais rêver mieux comme cadeau.

A mon arrivée, l'intranet de Bouygues Telecom Wooby n'était en ligne que depuis quelques semaines. Il se résumait à quelques pages d'informations et – summum de la modernité à l'époque, d'un annuaire d'entreprise développé en langage ASP. On en sourit aujourd'hui, mais à l'époque, cette innovation avait fait grand bruit au sein de l'entreprise.

J'ai vu l'évolution de la communication digitale depuis ses balbutiements jusqu'à aujourd'hui. Je mesure parfaitement les progrès, les avantages, les opportunités, mais aussi les pièges à éviter ou les scénarios qui fonctionnent ou qui ne fonctionnent pas.

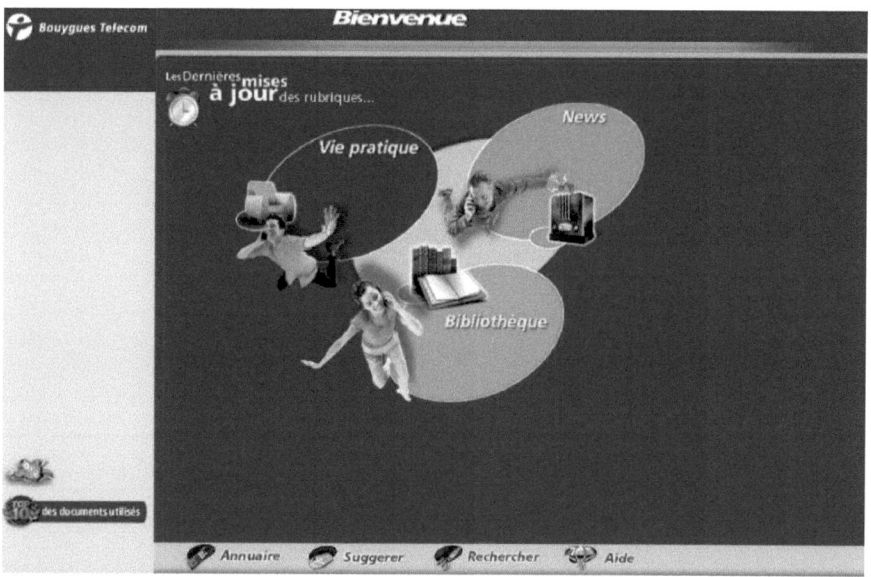

L'intranet de Bouygues Telecom fin 1999

Avant cette époque pionnière, l'intranet n'existait pas. Le seul canal de communication digital pour informer les collaborateurs, c'était la messagerie. Et encore, dans la plupart des entreprises, la messagerie était également une grande nouveauté : les premières messageries n'ont commencé à se déployer qu'au début des années 1990.

C'est la messagerie qui aura été la première transformation digitale des directions de la communication interne. Avant cette innovation majeure, le scénario (un mot que j'utiliserai souvent dans ce livre) pour communiquer consistait à imprimer des notes d'information, de les afficher sur les murs des couloirs ou de les dupliquer pour les déposer sur chaque bureau par courrier interne.

L'intranet aura été la seconde transformation digitale. Avec lui, le scénario a encore changé ou plutôt, il s'est enrichi : depuis un site Web accessible à tous les collaborateurs, il devenait possible de publier de l'actualité rapidement et à moindre frais. Les actualités étaient ensuite relayées par un mail à diffusion générale, pour être sûr de « toucher » tous les collaborateurs.

A chaque innovation, le scénario change pour exploiter au mieux les nouvelles opportunités qui se présentent. Mais dans une grande majorité des entreprises, le temps semble s'être figé vingt années en arrière : messagerie et intranet restent les deux seules solutions utilisées pour communiquer en interne.

Des écosystèmes numériques pauvres au sein des entreprises

Mon métier de consultant m'offre une opportunité unique d'avoir une vision large de ce qui existe dans les entreprises de toutes tailles, petites et grandes.

Ce qui m'a le plus marqué lorsque je suis devenu consultant en 2015, après quinze années chez Bouygues Telecom, c'était de voir des intranets qui semblaient tout droit sortis des années 2000, à la fois en termes de positionnement, de fonctionnalités, d'ergonomie, sans même parler de look.

Le plus surprenant a été de découvrir que des entreprises de tailles importantes ne possédaient même pas encore d'intranet, ce qui semble pourtant être un "must have" minimum pour structurer l'entreprise - nous en reparlerons plus tard.

Parmi toutes les entreprises que j'ai pu voir en plus de huit années de vie de consultant, seules deux ou trois disposaient et exploitaient une solution pour diffuser des vidéos. Les autres se posaient encore la question de la pertinence de ce média et s'interrogeaient même encore sur d'éventuels risques de cet usage.

Parmi les entreprises que j'ai croisées, très peu ont déployé un réseau social d'entreprise (RSE). En fait, près de douze années après les premières versions opérationnelles de RSE, de très nombreuses entreprises se posent toujours la question de l'intérêt d'un tel outil. La question se complique avec l'avènement de Teams qui brouille son positionnement – nous en reparlerons.

Enfin, en plus de huit années d'apostolat digital, je n'ai connu aucune société qui disposait d'un accès mobile à leur intranet, depuis un smartphone ou une tablette. Un choc pour moi qui ai déployé avec mes talentueux collègues un intranet mobile pour Bouygues Telecom il y a presque vingt ans.

Certes, ma vision est biaisée puisque les entreprises qui font appel à moi ont justement besoin d'accompagnement sur ces sujets. Néanmoins, le constat est sans appel. Et forcément, si l'écosystème est pauvre, les usages et les opportunités le sont tout autant.

Un monde en plein changement

Depuis l'avènement des premiers intranets à la toute fin des années 1990, le monde a pourtant bien changé. On peut s'en plaindre ou s'en réjouir, cela ne changera en rien aux faits. Tout va plus vite dans la société civile et cette accélération se répercute forcément sur les entreprises.

Face à ces bouleversements, la direction de la communication interne est toujours en première ligne. Elle doit accompagner l'entreprise et les collaborateurs de la manière la plus efficace possible dans cette évolution perpétuelle et rapide. Et ces bouleversements sont nombreux...

Internet et les réseaux sociaux ont donné un coup d'accélérateur à toute l'humanité, pour le meilleur et très souvent pour le pire. Avec les réseaux sociaux, Twitter en tête, mais aussi avec les chaînes d'information en continu, la vie de votre entreprise peut basculer du jour au lendemain, d'une minute à l'autre.

Il suffit d'un Tweet malheureux, d'une révélation vraie ou fausse, d'un incident technique quelconque pour que l'image de l'entreprise se détériore en un claquement de doigts. Les exemples sont nombreux dans l'actualité. Il faut alors réagir vite et mobiliser les troupes en interne pour répondre à la crise, informer les salariés, les rassurer, répondre aux questions, communiquer. La direction de la communication interne est alors toujours en première ligne pour accompagner la parole de la Direction Générale.

Et à cela s'ajoute l'agilité de vos nouveaux concurrents.

Les nouvelles technologies permettent à de nouveaux acteurs d'être complètement disruptifs et d'avoir la capacité de détruire très rapidement votre business plan. Les acteurs de la téléphonie mobile, dont je faisais partie, pourront en témoigner.

Les nouveaux entrants ont cette opportunité de partir d'une page blanche et donc de prendre le meilleur des nouvelles technologies et d'imaginer de nouvelles solutions plus créatives qui vont obliger votre entreprise à se réinventer, et à le faire très rapidement.

Quand il faut réinventer en un temps record le business plan et changer la culture d'entreprise sous peine de disparaître, la direction de la communication interne porte une responsabilité colossale car c'est elle qui détient en grande partie les manettes pour communiquer, diffuser auprès des collaborateurs et faire virer le paquebot dans la bonne direction.

Encore faut-il que ces manettes soient les bonnes.

Le changement climatique va également apporter d'immenses bouleversements qui s'annoncent assez brutaux. Ce seront de nouvelles normes à appliquer, des objectifs de réduction d'empreinte carbone imposés par la législation et / ou par les clients, ou carrément des pans entiers d'activité rendues obsolètes par la crise climatique.

La crise sanitaire a également montré que toute l'entreprise pouvait être obligée de se réinventer en quelques jours pour répondre à de nouvelles règles. Toutes les entreprises qui avaient correctement déployé des solutions de collaboration et de communication numériques (notamment avec Microsoft 365) bien avant le premier confinement ont bien moins souffert que les autres.

Enfin, en trente ans, les collaborateurs n'ont plus les mêmes attentes. Il y a trente ans, on ne parlait pas de "bienveillance" au travail : à cette époque, dire d'un patron qu'il était trop dur avec ses collaborateurs, c'était lui faire un très beau compliment. Aujourd'hui, un patron qui gère son équipe par la terreur peut se retrouver en pâture sur les réseaux sociaux ou devant un tribunal.

Et puis, les collaborateurs qui entraient dans de grandes entreprises y faisaient toute leur carrière, sans changer de société et encore moins de métier. Ils étaient fidèles par obligation car tout changement fréquent d'emploi était considéré comme de l'instabilité. Aujourd'hui, on parlerait plutôt d'adaptabilité.

En 2023, les attentes des collaborateurs sont complètement différentes. Se sentir bien dans son entreprise mais aussi dans son travail est devenu une priorité. Cela passe par un besoin d'engagement fort, un besoin de comprendre le sens de son travail. Cela passe également par une reconnaissance de son investissement et par le besoin de participer : de passer du salarié passif au salarié actif, qui contribue et qui s'exprime.

Le sens du travail réalisé, la reconnaissance de l'entreprise, l'écoute de ses salariés, tout cela passe en grande partie par la communication interne, avec le relai bien entendu des managers et de la direction des ressources humaines.

La nécessaire adaptation de la communication interne

Vous l'aurez compris, le monde de l'entreprise des années 2020 n'a plus rien à voir avec celui des années 1990. Tout va plus vite, avec des salariés très différents de ceux d'il y a trente ans. Plus que jamais, les acteurs de la communication interne sont en première ligne sur un grand nombre de sujets.

Mais les entreprises "à l'ancienne" ne sont pas câblées pour répondre à ces brusques changements de cap. Leur organisation souvent complexe, les conflits politiques internes entre les différentes baronnies et la culture d'entreprise parfois (souvent) très conservatrice n'autorisent pas la prise de décision rapide ni la prise de risques. Parfois, la situation confine au ridicule et ce n'est pas moi qui le dis, mais les collaborateurs que j'audite au cours de mes missions.

Mais surtout, bien souvent, les entreprises ne sont pas outillées pour embarquer rapidement et efficacement tous les collaborateurs dans une nouvelle orientation.

On ne transforme pas toute une entreprise à grands coups de mails. Et en plus de la capacité de pouvoir communiquer efficacement et de pouvoir "embarquer" les collaborateurs dans de nouvelles stratégies, il faut rendre l'entreprise plus agile et plus efficace. Tout est lié.

Pour toutes ces raisons, la nouvelle stratégie de communication interne doit rendre l'entreprise capable d'emmener rapidement tous les salariés vers de nouvelles directions, simplement et rapidement. Et c'est vers cela que je voudrais vous emmener.

Les limites de la communication traditionnelle

Avant de vous montrer où je veux vous emmener, je propose de commencer par vous montrer la situation actuelle.

Mes dernières années en qualité de consultant m'ont donné l'occasion d'accompagner un grand nombre d'entreprises, petites, grandes et même très grandes. Dans chacune, je me suis beaucoup intéressé à la stratégie de la communication interne parce que j'étais missionné pour refondre l'intranet ou pour accompagner l'entreprise dans sa transformation digitale interne.

Les constats que je fais dans ce chapitre seront certainement perçus comme une critique et les critiques ne font jamais plaisir. Elles restent à nuancer : rien n'est blanc ni noir. Il y a 50 nuances de gris aussi dans la communication interne.

Mais pour faire passer mes messages, je vais volontairement forcer le trait. Mais finalement, pas tant que ça.

Une stratégie de spamming d'entreprise

Parce que la messagerie est très souvent le seul outil de communication au sein de l'entreprise, c'est logiquement par ce canal que passent toutes les communications auprès des collaborateurs.

Ces communications peuvent prendre différentes formes. Ce sont très souvent de simples mails qui annoncent une actualité avec des pièces jointes PDF ou des fichiers PowerPoint. Ce sont aussi parfois des newsletters : c'est un nom un peu galvaudé pour désigner souvent un mail un peu mieux mis en forme que les autres, envoyé à intervalle régulier, qui agrège plusieurs actualités choisies.

Il n'y a pas que la direction de la communication interne qui envoie des mails d'information : c'est *toute l'entreprise* qui communique *vers toute l'entreprise*.

Ce sont par exemple les directions qui communiquent de l'actualité à leurs propres collaborateurs, les responsables des outils et des processus qui font des annonces, les acteurs projets qui communiquent sur leurs projets, les responsables ressources humaines qui tiennent au courant les managers et les collaborateurs, etc. La liste est loin d'être exhaustive.

La communication en arrosoir ou le spamming d'entreprise

Personnellement, j'ai rarement vu de règle ou de stratégie globale de communication sur tous ces sujets. C'est très souvent une joyeuse cacophonie au sein de l'entreprise, dans la messagerie.

Lors d'un audit que j'avais réalisé, j'ai demandé à un collaborateur d'ouvrir devant moi sa messagerie et de me commenter ces messages qu'il recevait quotidiennement. Pour la plupart, il ne savait pas pourquoi il était destinataire. Il recevait par exemple des mails d'information sur des process métier qu'il n'utilisait même pas, avec en pièces jointes des fichiers Excel volumineux dont il ne comprenait pas le sens.

J'appelle ce mode de communication *"La communication en arrosoir"* ou encore *« le spamming d'entreprise »*. Cette stratégie s'explique : comme il est difficile, voire impossible de connaître les centres d'intérêt précis de chaque collaborateur, on envoie les mails d'information à tout le monde en espérant que dans le lot, on parviendra à atteindre les personnes *réellement* concernées.

Dans la vie privée, l'abonnement à une newsletter est un acte volontaire et on peut généralement se désabonner en cliquant sur un lien (bien caché) en bas du mail. Mais dans l'entreprise, il n'y a pas de désabonnement possible : le collaborateur ne peut que subir.

A titre d'exemple, en ma qualité de prestataire, on me crée souvent un compte pour utiliser Teams. Accessoirement, je dispose donc automatiquement d'une messagerie Outlook que je n'utilise pas du tout. Chez un de mes clients, au bout de trois mois de présence, j'avais découvert que j'avais reçu environ 300 mails divers et variés, sur tous les sujets : consignes COVID, comité d'entreprise, informations sur la cantine, etc. Trois cents mails reçus, alors je n'utilisais pas du tout la messagerie. Tout est dit.

Les conséquences sur l'efficacité des collaborateurs

Cette stratégie n'est pas sans conséquence. Tout ce flux de mails tombe dans les boîtes de réception des collaborateurs, comme une pluie fine qu'on ne peut pas arrêter. Mais plus grave : ces mails viennent alourdir une messagerie qui est déjà bien encombrée par des échanges opérationnels qui sont bien plus importants aux yeux des collaborateurs.

Problème : toutes les entreprises n'ont pas encore réussi à positionner Teams comme solution centrale et unique pour la collaboration interne. Pour cette raison, la messagerie est encore et toujours un outil central pour collaborer au sein de l'entreprise.

Pour ces sociétés, cette stratégie de « spamming » a donc un impact sur l'efficacité personnelle et collective. Car tous ces messages de communication sur des sujets divers et variés sclérosent l'unique canal de collaboration qui leur est indispensable pour travailler. Même si, on n'en doute pas, l'essentiel de cette communication est totalement justifié et utile, ces messages viennent tout de même interférer avec leur travail.

Voilà donc une des raisons du rejet des actions de communication par les employés : ça les gêne dans leur travail quotidien.

Difficile d'imaginer communiquer autrement car la messagerie est un peu le doudou des directions de la communication interne. Il rassure. C'est un outil connu et maîtrisé depuis plus de trente ans : on en connaît les codes sur le bout des doigts, les avantages et les inconvénients. La messagerie est inscrite au plus profond de notre ADN.

Surtout, la messagerie donne cette fameuse impression de "toucher" les collaborateurs, comme je le disais tout à l'heure. A une responsable de la communication interne à qui j'expliquais qu'on pouvait faire autrement pour informer, son refus fut violent car avec le mail, disait-elle, elle était sûre que les collaborateurs étaient informés.

En fait, la seule chose dont on peut être sûr, c'est que les mails ont été envoyés. Ont-ils été vus et lus ? Nul ne peut le savoir, sauf à intégrer un traceur comme cela se fait pour les emailings commerciaux, ce qui est d'ailleurs une pratique très limite en termes de RGPD. Et quand bien même : l'ouverture d'un mail n'implique pas sa lecture.

A un collaborateur qui se plaignait justement d'être spammé par toute l'entreprise sur tout et n'importe quoi, il m'expliquait sa méthode : *"j'ai mis des règles automatiques dans ma messagerie. Tous les mails qui viennent de la com' interne partent dans un dossier, comme ça, ils n'encombrent pas ma boîte de réception qui me sert à travailler"*.

Les lisait-il plus tard ? « *Jamais* », m'avait-il confessé, un peu gêné tout de même.

L'empreinte carbone de la communication

Ce mode de communication par le mail a également un impact inattendu sur l'empreinte carbone de l'entreprise. Par rapport à d'autres scénarios que nous allons découvrir dans la suite de ce livre, envoyer des pièces jointes à toute l'entreprise est lourd de conséquence.

Par exemple, envoyer un mail avec un document de 2 Mo (PDF ou PowerPoint) à 10 000 collaborateurs représente instantanément sur les serveurs une charge de stockage de 10 000 x 2 Mo = 20 Go minimum. Bien plus en réalité car il faut compter le poids du mail qui n'est pas anodin.

Multipliez ce chiffre par le nombre de communications de ce type dans l'année et l'empreinte carbone de la communication d'entreprise s'envole. A titre de comparaison, la même communication via un réseau social d'entreprise se limite au poids du fichier lui-même, soit 2 Mo : une empreinte carbone 10 000 fois moindre dans le cadre de notre exemple, ça peut faire réfléchir et constituer un bon argument pour envisager la communication autrement.

Et si, en plus, le communiquant s'est trompé dans son message et/ou a mis la mauvaise pièce jointe, c'est un nouveau message qui doit repartir pour tout le monde, le très fameux "annule et remplace" dont qu'une petite partie des destinataires tiendront compte finalement.

Une communication à sens unique

Mais ce ne sont pas les seuls inconvénients. Il y en a un autre, et non des moindres: celui d'imposer une communication à sens unique. Autrement dit, l'entreprise parle aux collaborateurs mais ces derniers n'ont aucune possibilité de réagir à cette communication. C'est une communication à sens unique.

Une réaction, ça pourrait être une question ou une manifestation de satisfaction à l'occasion d'une annonce importante. Nous verrons dans le chapitre suivant qu'elles peuvent être variées.

Dans une stratégie de communication s'appuyant uniquement sur la messagerie, les collaborateurs sont priés de se taire et de ne <u>SURTOUT PAS</u> réagir. Après tout, c'est bien ce qu'on demandait aux collaborateurs des années 1990, à l'époque où les messageries ont été déployées. C'est donc logique.

Malgré tout, emportés par leur enthousiasme certains collaborateurs ont parfois la mauvaise idée de réagir à une communication d'entreprise : ils répondent au mail "diffusion générale" en cliquant sur le bouton maudit *"répondre à tous"*, déclenchant un ouragan sans comprendre ce qui leur arrive.

Qui n'a jamais vécu ce scénario infernal ? Ça commence par un mail de communication envoyé à toute l'entreprise : une personne distraite ou inconsciente clique sur *"répondre à tous"* pour faire une remarque et c'est toute l'entreprise qui se met dans la conversation, à coup de centaines de mails. Le système de messagerie s'engorge, des milliers de mails s'échangent à une vitesse folle. Les salariés *répondent à tous* pour demander d'arrêter de *répondre à tous*. Et en quelques dizaines de minutes, l'entreprise est paralysée : soit parce que les serveurs sont saturés, soit parce qu'une fois la crise passée, les salariés doivent passer du temps à faire le tri dans leur messagerie pour séparer le grain de l'ivraie, supprimer tous les messages inutiles reçus pendant la crise, comme un naufragé écope sa barque en perdition. Quant au fautif à l'origine de la faute originelle, ses jours dans l'entreprise sont comptés.

Vous avouerez que comme scénario de communication et de partage dans l'entreprise, on a vu mieux.

En tout cas, preuve est faite que la communication par la messagerie ne permet pas aux salariés de réagir et surtout, que la messagerie leur interdit de réagir.

Par exemple, quand le responsable d'un outil envoie un mail à toute l'entreprise pour annoncer une nouvelle fonctionnalité désormais disponible, on prive les collaborateurs de féliciter l'équipe et de remercier. On leur interdit aussi de poser des questions qui pourraient intéresser tous les utilisateurs ou de proposer des améliorations.

Pour certaines entreprises, c'est un vrai obstacle à l'innovation, au partage, à la collaboration, à l'engagement : elles chercheront des solutions pour dépasser ces limites et adopteront sans difficultés celles décrites dans ce livre. Mais pour d'autres sociétés plus conservatives, n'en doutez pas, museler les collaborateurs ne posera aucun problème, bien au contraire. Pour ces entreprises-là, la lecture du livre s'arrête ici.

Mais en 2023, est-ce bien le sens de l'histoire ? Ne faut-il pas plutôt tout mettre en œuvre pour qu'une « intelligence collective » se développe au sein de l'entreprise plutôt que de la « stériliser » en ôtant tout capacité d'interaction ?

Un patrimoine d'actualités qui se perd dans les mails

Lorsque les actions de communication ne sont pas faites en parallèle d'une publication dans un intranet par exemple, les mails d'actualité se perdent dans les méandres des messageries individuelles.

Seuls les plus rigoureux d'entre nous prennent le temps de classer leurs mails dans des dossiers pour les retrouver à tout moment en un clic. Le moteur de recherche des mails donne une fausse impression de maîtrise : en fait, il ne permet que de retrouver des messages sur des mots clés mais pas tous les mails d'un même thème.

Par exemple, retrouver toutes les communications "ressources humaines" relève de l'archéologie Outlookienne. Si les mails ne sont pas triés régulièrement ou si les actualités ne sont pas publiées sur un intranet, les messages se perdent dans les messageries, comme une pierre au fond d'un lac.

Et c'est fort dommage car l'actualité d'une entreprise fait aussi partie de son patrimoine. Pouvoir retrouver l'historique des actualités sans avoir à chercher, c'est sauver la mémoire de l'entreprise.

Une "mise en mouvement" difficile, voire impossible

Parce que la vie des entreprises est loin d'être un long fleuve tranquille, il est nécessaire à des moments clés de donner une nouvelle direction. Ça peut être un changement de stratégie, de business plan, une fusion / acquisition, une crise majeure à surmonter, un nouveau produit à lancer.

Dans ces moments charnières de l'entreprise, il est plus que nécessaire d'engager les collaborateurs, de les mobiliser, de les faire participer de manière active. Nous en reparlerons en détail dans le chapitre suivant.

Les exemples ne manquent pas dans l'histoire des entreprises : l'arrivée d'un quatrième opérateur disruptif dans le secteur des télécoms, le lancement d'un produit, une nouvelle culture d'entreprise, etc.

De la communication interne vers la dynamique interne

Pour ces raisons, et comme je l'ai déjà expliqué, à mon sens, aujourd'hui, le rôle de la direction de la communication interne n'est pas uniquement de communiquer, mais surtout de réussir à "*mettre en mouvement*" les salariés, d'engager tous les collaborateurs dans une dynamique, qu'ils travaillent dans les bureaux ou sur les chaînes de production.

Quand un PDG demande à sa direction de la communication interne de diffuser une information sur une réorganisation, "le job" n'est pas simplement de publier l'information : c'est surtout qu'elle soit comprise à tous les échelons, que les salariés adhèrent à cette nouvelle vision et qu'ils se "*mettent en mouvement*" collectivement pour cette vision devienne une réalité concrète au travers d'actions et de nouvelles postures.

La messagerie ne permet pas cela, parce que l'outil n'a pas été conçu dans cet objectif. La messagerie a été imaginée à une époque où la communication était "top-down" (depuis le patron vers ses salariés, et pas dans l'autre sens), sans besoin ni surtout sans l'envie que les collaborateurs interagissent librement.

Par exemple, comme nous l'avons vu précédemment, la messagerie ne permet pas aux collaborateurs de réagir à une communication interne d'entreprise. Certaines entreprises s'en réjouissent, soyons franc. Pourtant, rien n'empêche un collaborateur de réagir à une publication publique de son entreprise dans Twitter, Facebook ou LinkedIn.

La messagerie stérilise aussi le partage des idées. Impossible pour un collaborateur qui a une idée brillante de la porter à la connaissance de l'entreprise en envoyant un mail à tous les salariés. Celle ou celui qui aurait cette idée folle recevrait en récompense de son investissement professionnel et de son talent un avertissement des ressources humaines pour faute grave, tout simplement parce qu'envoyer un mail à tous les salariés est défendu.

Dès lors, impossible pour une direction de la communication interne de faire participer les collaborateurs à une démarche en co-construction ou à un projet d'entreprise majeure. Pour cette seule raison, la mission de la direction de la communication interne se limite de facto à ne faire que de la communication, comme il y a trente ans.

Nous évoquerons dans un prochain chapitre le lancement de la 4G de Bouygues Telecom en 2011 au travers d'un témoignage qui explique comment la direction de la communication interne a réussi à mobiliser tous les salariés de l'entreprise pour imaginer la campagne de lancement de cette offre stratégique pour la survie de l'entreprise. Avec la messagerie, il aurait été impossible de demander à tous les collaborateurs de s'échanger des mails par milliers dans le cadre d'un brainstorming géant.

Une communication souvent centralisée

Les stratégies de communication traditionnelles sont souvent des stratégies de communication centralisées. Autrement dit, la seule entité autorisée à parler à tous les salariés, c'est la seule direction de la communication interne.

En grande partie, cette stratégie s'est imposée par l'outil.

Bien souvent, seule la direction de la communication interne est autorisée et est légitime à envoyer un mail en "diffusion générale", c'est à dire, à tous les salariés de l'entreprise. De la même façon, elle seule a la maîtrise de l'intranet (quand il y en a un) pour publier des articles d'actualité. Les autres directions n'ont pas forcément de solutions simples à leur disposition pour communiquer au-delà de leur propre cercle.

C'est ainsi que dans mes missions d'accompagnement des entreprises à la transformation digitale interne, je me retrouve bloqué par la direction de la communication qui veut tout maîtriser, tout contrôler et tout valider, alors qu'elle n'en a souvent pas les moyens en termes d'effectifs.

Bien évidemment, dans de nombreuses entreprises, il existe un réseau de correspondants pour remonter les informations importantes. Au sein même des directions, des communicants diffusent des informations aux collaborateurs de la direction, souvent par mails. Mais les outils disponibles (messagerie et intranet), bien souvent, ne proposent que des scénarios très pauvres.

Cette centralisation de toute la communication pose souci, car très rares sont les équipes de la communication interne très étoffées. Même dans de grandes entreprises les équipes sont souvent en effectif réduit : dans un contexte économique tendu, ce n'est pas dans ce domaine que l'entreprise investit le plus.

Dans ce cas, les moyens d'action de la communication interne restent limités et certains sujets intéressants ou importants émanant du terrain seront passés sous silence, non pas par choix mais par manque de moyen. Il est fréquent que les collaborateurs soient d'ailleurs informés de ces sujets par la presse ou par Twitter.

Bref, être capable de déléguer devient une nécessité dans beaucoup d'entreprises, pour ces raisons de moyens mais aussi parce que pour remonter l'actualité du terrain, il faut être très proche des métiers. Nous en reparlerons dans la suite de ce livre.

Une communication parfois en décalage avec notre temps

Lorsque j'interviens chez un client, l'une des premières choses que je demande, c'est le « *masque PowerPoint* » mis à disposition par la communication interne aux collaborateurs pour les présentations au sein de l'entreprise.

Encore aujourd'hui, en 2023, le masque qui m'est envoyé est parfois au format 4/3 : c'est le ratio largeur/hauteur des anciens écrans de télévision avant la généralisation des écrans 16/9. Vérifiez : c'est peut-être encore le cas dans votre entreprise.

Parce que je me refuse d'accompagner l'entreprise vers la modernité avec un format d'écran des années 1990, je propose toujours de transformer moi-même le masque en format 16/9 pour mes propres présentations. Et parfois, cette liberté m'est parfois refusée car « ce n'est pas corporate ».

C'est peut-être un détail pour vous, mais pour moi ça veut dire beaucoup. C'est un bon indicateur sur la capacité à accepter le changement : si changer le format du masque PowerPoint est un défi insurmontable, je sais que je n'ai aucune chance d'insuffler des changements encore plus profonds.

Inutile par exemple d'évoquer la puissance des vidéos et leur intérêt pour appuyer la communication auprès des collaborateurs. En plus inutile encore de parler du réseau social d'entreprise ou d'expliquer les nouvelles approches de l'intranet.

Au-delà de cette anecdote, je voulais juste montrer une chose capitale : moderniser la communication interne de l'entreprise n'est pas qu'une question d'outils informatiques, d'achat de licence Microsoft 365 ou de n'importe quel autre outil. C'est avant tout une question de posture, de volonté de s'aligner avec son temps et d'acceptation des changements que cela implique.

C'est surtout accepter, ne serait-ce qu'un instant, de voir les choses sous un nouvel angle et d'avoir l'esprit ouvert.

Des collaborateurs qui changent

Contrairement à ce que beaucoup pensent, l'éditeur Microsoft ne se fait pas plaisir en créant des outils que des professeurs Tournesol sortiraient de leurs esprits tourmentés. Les solutions mises au catalogue sont pour la plus grande majorité un reflet des attentes des entreprises ou de leurs salariés, n'en doutez pas.

Et dans ce domaine, une nouvelle famille d'outils nouvellement créée en dit beaucoup sur l'évolution des collaborateurs. Les outils « Microsoft Viva » dont nous parlerons en détail dans un prochain chapitre, sont présentés explicitement comme une famille d'outils dont l'objectif est d'améliorer « *l'expérience employé* » du salarié. Ces solutions ont pour ambition d'améliorer le bien-être, de prodiguer des conseils pour éviter le surmenage. Simple approche marketing ? Pas si sûr.

Personne ne peut douter de l'évolution des mentalités des salariés au cours de ces dernières années. La crise sanitaire a accéléré le mouvement, mais il était déjà engagé bien avant. La « *grande démission* » comme a été appelée cette vague de départ de certaines entreprises ou de métier, témoigne bien d'un besoin des salariés de retrouver du sens dans ce qu'ils font.

Je suis moi-même témoin de ces évolutions au travers des audits que je réalise dans un grand nombre d'entreprises sur des sujets de collaboration, de partage, et bien entendu, de communication.

La prise en compte de l'avis des collaborateurs, la reconnaissance des efforts et compétence, la possibilité de devenir acteur plutôt que simple exécutant : tout ceci entre en compte aujourd'hui.

Est-ce que la stratégie de communication de votre entreprise en tient compte ? C'est la grande question qu'il faut se poser.

Communication interne et transformation digitale

Si au cours des dix dernières années les entreprises ont fourni de gros efforts pour « digitaliser » le parcours de leurs clients (applications, sites internet, ...), le digital s'est trop souvent arrêté aux portes des entreprises.

Derrière les vitres des sièges ultra modernes, les collaborateurs travaillent encore trop souvent comme il y a trente ans, à grands coups de mails et de stockage sur de vieux serveurs de fichiers, derniers vestiges des premiers efforts numériques.

Ça ne choque pas grand monde, mais les salariés souffrent en silence. Dans mes audits de collaboration, je croise à chaque fois quelques collaborateurs au bord du burn out, noyés sous les mails, perdus dans les serveurs de fichiers aux profondeurs abyssales et cherchant du sens à un travail qui ressemble plus à de l'archéologie documentaire qu'autre chose.

Mon cœur de métier, c'est d'aider les entreprises à sortir de cette ornière pour adopter (enfin) des scénarios de collaboration dignes du 21ième siècle. Et la solution dont je me sers pour cela, c'est Microsoft 365 et toute la panoplie d'outils que vous pouvez découvrir en partie seulement dans la rubrique « focus outils » du site digital-inside.fr.

La transition vers les solutions digitales Microsoft 365 est souvent confiée à la direction des systèmes d'information, comme s'il s'agissait d'un banal projet informatique. La direction de la communication interne ne se sent pas toujours concernée. Pourtant, elle est en première ligne et je vais vous expliquer pourquoi.

Les sept grandes révolutions apportées par Microsoft 365 dans l'entreprise

Mon sacerdoce, c'est d'aider les entreprises à voir les opportunités apportées par Microsoft 365, au-delà d'une simple notion d'outils informatiques, car Microsoft 365 ce sont surtout des usages de nature à révolutionner l'entreprise sur au moins sept domaines :

Révolution de la collaboration entre les collaborateurs : collaboration zéro mail en interne de l'entreprise en utilisant exclusivement Teams, dont les usages sont plus efficaces comme je l'ai expliqué dans la vidéo « pourquoi teams est plus efficace que la messagerie » publiée sur le site digital-inside.fr. Cette nouvelle façon de collaborer apporte des gains considérables mais uniquement si elle est bien accompagnée : transversalité, agilité, réactivité, etc.

Révolution du style managérial et de la culture d'entreprise : la transversalité facilitée par l'usage de Teams modifie considérablement les échanges dans l'entreprise. Certains managers ancrés dans le contrôle en souffrent et doivent adapter leur style managérial en conséquence. Certaines entreprises s'appuient d'ailleurs sur ces nouveaux usages pour obtenir ce résultat et moderniser au passage leur culture d'entreprise.

Révolution de la gestion documentaire et de la connaissance : Microsoft 365 vous donne toutes les cartes pour ENFIN définir une stratégie documentaire digne de ce nom, qui permette de rendre l'entreprise « lisible », comme je l'explique dans l'article « focus sur la stratégie documentaire » publié sur le site digital-inside.fr.

Révolution de la sécurité et de la maîtrise de la conformité RGPD : dans plusieurs domaines, Microsoft 365 vous apporte toutes les solutions pour renforcer la sécurité et la confidentialité, et vous donne tous les outils pour répondre aux exigences du RGPD, le Règlement Général sur la Protection des Données, comme je l'explique dans la rubrique « sécurité, conformité » de mon site.

Révolution de la réponse aux besoins métier : avec la Power Platform, il est désormais possible de digitaliser des processus dans des délais courts et de façon économique. C'est toute la force du Lowcode, avec notamment Power Automate et Power Apps. Pour en savoir plus voyez cette rubrique « Power plateform » dans mon site.

Révolution de l'expérience collaborateur : c'est la grande promesse des produits de la famille d'outils "Viva" de Microsoft 365, qui s'appuient sur Teams, au travers de plusieurs solutions orientées sur l'expérience du collaborateur (bien être, efficacité, etc). Nous en reparlerons en détail dans un chapitre de ce livre.

Et bien entendu, révolution de la communication interne : c'est l'objet de ce livre.

Ce n'est pas un projet informatique, mais une démarche d'entreprise

Très souvent, la solution Microsoft 365 est vue sous l'angle simplement d'outils. Pour cette raison, le déploiement est lancé au travers d'un projet informatique, comme on le fait depuis l'invention de la Bureautique (un terme inventé en 1976 par Louis Naugès). Et une fois le lancement terminé, on passe à un autre projet.

Mais la transformation des usages avec Microsoft 365 ce n'est pas un projet informatique : c'est une démarche de transformation d'entreprise, profonde et à long terme.

Paraphrasant le penseur grec Heraclite qui disait qu'on ne se baignait jamais deux fois dans le même fleuve, Patrick GUIMONET (fondateur de la société ABALON et conférencier international sur Microsoft 365) aime dire dans ses conférences « *qu'on ne se baigne jamais deux fois dans le même Microsoft 365* ». Car au fil du temps les solutions de Microsoft évoluent sans cesse : les fonctionnalités changent, de nouvelles opportunités apparaissent, de nouveaux outils sont proposés, etc. Les utilisateurs changent également : ils apprennent au fil du temps et progressent dans la maîtrise de leurs outils.

Dans le même temps, de nouvelles recrues arrivent complètement vierges de ces usages : il faut les former. Mais l'entreprise, l'organisation et les process changent également : il faut sans cesse s'adapter à la réalité mouvante de l'entreprise.

Bref, il n'y a pas réellement de date de fin : il faudra tout le temps accompagner les salariés aux outils et adapter les outils à la réalité de l'entreprise.

C'est une démarche d'entreprise à long terme et aux enjeux stratégiques majeurs car on parle ici de performance, d'efficacité, de réactivité, d'agilité, de simplification du travail.

Quel autre projet dans l'entreprise aborde tous ces sujets à la fois ? Aucun.

Cette démarche doit être portée par une ambition et cette ambition doit être portée par la direction générale. Malheureusement c'est rarement le cas, tout simplement parce que (on y revient) le sujet est abordé sous l'angle d'un banal projet informatique qui, par conséquent, ne mérite pas forcément l'implication de la direction générale.

SI vous souhaitez en savoir plus sur ce sujet, je vous recommande la lecture de mon livre « Le digital interne en entreprise », paru aux éditions Mardaga.

La direction de la communication interne aux premières loges

Si une démarche d'entreprise à long terme et aux enjeux stratégiques est lancée, bien évidemment, la direction de la communication interne doit être impliquée : elle sera même aux premières loges et à plusieurs titres.

Tout d'abord, la direction de la communication interne interviendra pour ce qu'elle sait faire le mieux : la communication d'entreprise.

Une démarche d'entreprise nécessite un bon ancrage que peut lui fournir un bon plan de communication et une bonne visibilité dans l'entreprise. Dans le cadre d'une démarche de transformation digitale interne, la direction de la communication interne pourra utiliser ses canaux, ses compétences et ses ressources pour relayer, diffuser et appuyer tous les messages de promotion et d'accompagnement.

Elle pourra utiliser ses ressources pour produire des supports de qualité : des vidéos, des affiches, des événements, etc. C'est indispensable au moins pendant le décollage de la fusée : une fois la démarche satellisée, on pourra réduire les efforts de communication.

Ensuite, comme toutes les directions, la direction de la communication interne doit se réinventer elle-aussi pour tirer parti de toutes les opportunités qui s'offrent à elle.

Cela consiste à réaliser en interne une transition vers de nouveaux scénarios de collaboration, avec les outils de Microsoft 365 dont Teams (mais pas seulement).

Cela consiste surtout à tout mettre en œuvre pour « mettre en mouvement » les salariés avec un réseau social d'entreprise : nous en reparlerons par la suite. C'est indispensable : il serait inconcevable de promouvoir une démarche digitale sans en utiliser les solutions. Parler du futur en utilisant les outils d'hier brouillerait définitivement le message.

Cela consiste aussi à repenser le rôle de son intranet historique pour servir cette démarche, en passant d'un intranet de pure communication à un hub d'entreprise métier, véritable porte d'entrée à l'écosystème digital de l'entreprise.

Bref, il s'agit ni plus ni moins d'adopter une nouvelle stratégie de communication interne, ce qui n'est pas chose simple.

Vers une nouvelle stratégie de communication interne

C'était il y a trente ans.

L'avènement de la messagerie au début des années 1990 puis de l'intranet ont complètement changé les scénarios des directions de la communication interne. Ces nouveaux outils ont apporté de nouvelles possibilités pour communiquer et diffuser de l'information, plus facilement, plus rapidement et avec des contenus plus riches.

Ça n'a pas été qu'une histoire d'outils : ces nouvelles opportunités ont clairement et profondément modifié les stratégies de communication interne.

Aujourd'hui, avec Microsoft 365, l'histoire se répète. Les solutions que nous allons découvrir dans la suite de ce livre sont de nature à révolutionner la stratégie de la communication interne. Comment ? C'est ce que nous allons aborder dans ce chapitre.

Stop au spamming d'entreprise !

Les audits des entreprises constituent pour moi l'essentiel de mon inspiration pour écrire mes publications. Ce sont les personnes auditées qui me font voir les choses, comprendre les difficultés et entrevoir les solutions pour y répondre.

Par exemple, lors d'un audit, plusieurs personnes se plaignaient de recevoir des mails d'information en cascade sur des processus et des outils qu'ils n'utilisaient même pas. Pourquoi les recevaient-elles ? Parce que ces personnes faisaient partie de directions métier dont les collaborateurs sont *potentiellement* utilisateurs de ces solutions et processus. C'est le principe de l'arrosoir, dont je parlais dans le précédent chapitre.

Qu'elles soient utilisatrices ou pas, aucune des personnes rencontrées n'étaient réellement satisfaites. Celles qui recevaient l'information sans être concernées s'agaçaient de recevoir des mails indésirables qui polluaient leur boîte de réception. Celles qui étaient utilisatrices regrettaient de louper certaines informations et de ne pas être en mesure de les retrouver facilement, car les mails se perdaient au milieu de tous les autres messages reçus chaque jour, sur tous les autres sujets.

J'ai l'intime conviction qu'il faut changer de paradigme, et passer du spamming généralisé d'entreprise à une solution d'abonnement à des thématiques choisies.

Qu'importe l'outil, Yammer ou autre chose, le bon scénario est de créer des communautés thématiques et de proposer aux collaborateurs concernés de s'y abonner pour être informés et y retrouver toutes les informations qui leur sont véritablement utiles.

En parallèle, il faut stopper la communication par mail, ce qui n'est pas une décision facile. Nous en reparlerons en détail dans le chapitre dédié au réseau social d'entreprise.

Quand j'explique ce scénario, on me répond que de nombreux salariés n'iront « jamais » dans ces nouveaux outils et que par conséquent, faute de mails, ils ne seront jamais informés. Mais c'est déjà certainement le cas : l'envoi de mails ne garantit pas qu'ils soient lus. Nombreux sont les salariés qui n'ouvrent jamais les mails d'information ou qui mettent des règles pour les supprimer automatiquement.

Je le disais dans la première partie de ce livre : tous les salariés sont différents. Ils se répartissent entre deux profils extrêmes : d'un côté les collaborateurs avides des informations de l'entreprise et de l'autre ceux qui refuseront de s'informer, pour des raisons qui les regardent.

On ne peut pas lisser des scénarios d'entreprise par le bas, juste pour tenir compte de celles et ceux qui ne feront de toutes façons jamais l'effort de s'informer. Mieux vaut aller de l'avant, être dans son temps et apporter de nouveaux scénarios plus efficaces à celles et ceux qui s'investissent dans leur entreprise.

Certes, il faut être exemplaire dans la manière de les accompagner vers ce nouveau scénario : proposer un accompagnement, faire preuve de pédagogie, tout mettre en œuvre pour exposer les communautés utiles, bien expliquer les enjeux, etc.

Puis, ensuite, il faut faire confiance en la conscience professionnelle des salariés et à leur intelligence. Bien entendu certaines communautés Corporate doivent être obligatoires : informations de l'entreprise, ressources humaines, … nous en reparlerons.

La nouvelle stratégie doit résolument mettre un coup d'arrêt à la stratégie de l'arrosoir par le mail et au spamming généralisé. La communication moderne doit être « à la carte », selon les centres d'intérêt réels des collaborateurs (innovation, …) et leurs besoins métier (outils, processus, …). C'est ce que vos collaborateurs font dans leur vie privée avec les réseaux sociaux.

L'implication sur la prise en compte des informations n'en sera que plus forte, car elle sera utile, expliquée et surtout, volontaire.

Permettez aux collaborateurs de réagir à l'actualité !

En 2023, communication et collaboration me semblent indissociables. Tout collaborateur doit pouvoir réagir facilement à une publication. Et ce n'est pas pour « faire plaisir », mais c'est pour le bien de l'entreprise.

Une interaction, ça peut être un « like » dans un réseau social d'entreprise pour indiquer qu'on a vu l'information et/ou qu'on l'apprécie.

Dans les sociétés qui ont un réseau social d'entreprise mature, la direction de la communication interne suit avec attention les statistiques de réactions sur les posts publiés dans les communautés. Ce sont des indications précieuses sur l'engagement des collaborateurs et ce sont aussi des signaux faibles très utiles pour « prendre la température » de l'entreprise et identifier les sujets « qui font le buzz » en interne.

Chaque mois, la direction de la communication interne peut ainsi donner le top 10 des posts les plus likés ou commentés dans le réseau social d'entreprise, ce qui donne une idée des sujets chauds du moment. La solution Yammer donne aussi des indications sur le nombre de vues des messages postés : une information impossible à obtenir quand on envoie des mails.

On peut ainsi voir des tendances se détacher : des publications d'entreprise fortement « likées » par les salariés (annonces importantes) et d'autres ayant un engagement nettement plus faible sur des sujets suscitant moins d'adhésion. Ces données sont capitales dans de grandes entreprises : elles permettent d'en tirer certains enseignements et d'adapter les actions de communication. Comment peut-on s'en passer aujourd'hui ?

Une réaction, ça peut être aussi un commentaire en dessous du post ou simplement une question. Là aussi, permettre d'apporter un commentaire est essentiel pour l'entreprise, en termes de cohésion, d'engagement et de reconnaissance.

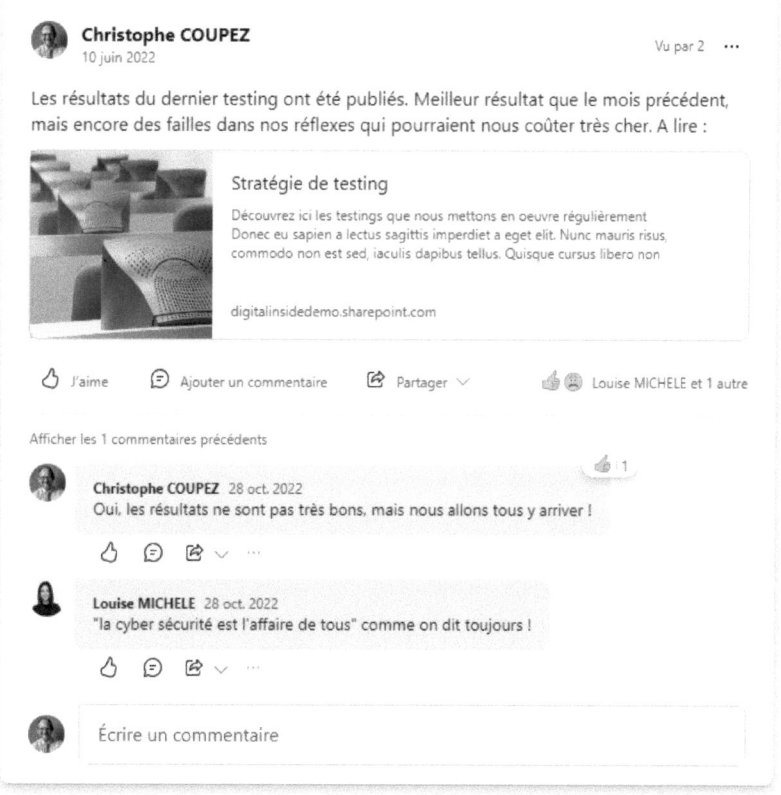

Exemple de réactions dans une communauté « cyber sécurité » à la suite de la publication des résultats d'une campagne de « testing »

Dans une entreprise que j'ai accompagnée, chaque fin de chantier donnait lieu à un post de la communication interne dans le réseau social d'entreprise pour en faire l'annonce et mettre à l'honneur les équipes. A chaque fois, ces messages étaient abondamment « likés » et commentés par les salariés eux-mêmes : messages de félicitation des uns, messages de fierté d'avoir participé des autres. Souvent, un membre du CODIR ou le PDG lui-même y allait d'un message de félicitation qui était abondamment « liké » par les salariés.

Un scénario d'une puissance indéniable mais inimaginable avec la messagerie

Ces réactions aux annonces contribuent à créer une puissante cohésion dans l'entreprise et à encourager l'engagement des salariés. L'implication des membres du CODIR ou des grands directeurs apporte en outre une sorte de reconnaissance professionnelle très puissante. Nous reparlerons de leur rôle & posture dans la suite du livre.

Dans certaines entreprises pourtant, cette capacité donnée aux collaborateurs de réagir est redoutée : les dirigeants craignent d'ouvrir une boite de pandore qui permettrait de révéler au grand jour tout le mécontentement de l'entreprise. Nous évoquerons cette peur ancestrale dans le chapitre consacré au réseau social d'entreprise.

Une chose est certaine : la direction de la communication interne doit intégrer dans sa stratégie cette capacité de réaction des salariés car c'est la clé pour développement de l'engagement et de l'implication.

Donnez-vous les moyens de « mettre en mouvement » les salariés !

Il y a dix ans, en 2013, Bouygues Telecom lançait son réseau 4G, en pleine guerre commerciale dans le secteur des télécoms. C'est peu de dire que ce projet était stratégique : il était tout simplement vital pour la survie de l'entreprise.

Lors du lancement de cette nouvelle offre, la mission de la communication interne ne se cantonnait pas à annoncer aux collaborateurs le prochain lancement de la 4G à coup de messages et d'actualités.

Sa mission était d'engager toute l'entreprise, de faire en sorte que chaque collaborateur et collaboratrice comprenne les enjeux, se sente investi dans la réussite de ce projet et puisse avoir les moyens de se mobiliser.

Tout le monde devait mouiller sa chemise : chaque collaborateur pouvait proposer des solutions pour promouvoir cette nouvelle offre, trouver des scénarios de publicité, etc.

Tous les collaborateurs, du membre du CODIR au simple salarié pouvaient se porter volontaires pour aller rencontrer les clients sur les trottoirs des grandes villes, faire des démonstrations dans les rues, répondre aux questions des passants. Je l'ai fait ! Nous avons été des milliers à nous partager des bonnes pratiques pour intéresser les gens, à nous motiver mutuellement, à partager nos expériences et nos joies en partageant nos photos. C'était un grand moment de communion comme je n'en ai jamais vécu.

Bien évidemment, nous n'avons pas utilisé la messagerie, mais le réseau social d'entreprise, Wooby Network, que nous avions déployé deux ans auparavant. La direction de la communication interne avait eu la bonne idée d'exploiter ce nouvel outil pour faire un brainstorming géant et engager toute l'entreprise.

Sans ce réseau social d'entreprise (ou solution similaire, comme Teams), avec la seule messagerie, cette mobilisation n'aurait jamais pu se faire.

Bref, la mission de la communication interne ne se limite plus simplement à communiquer une actualité mais également à tout mettre en œuvre pour permettre aux collaborateurs de se mettre en mouvement, de s'engager et de s'impliquer.

Sarah Alezrah

Déléguée Générale de la Fondation Bouygues Telecom
Anciennement Responsable Editoriale du Digital interne

Lancement de la 4G en 2013 avec le réseau social d'entreprise

Pour lancer la 4G, nous avions décidé de mobiliser l'ensemble de nos collaborateurs. Nous voulions donner à toutes et à tous la possibilité d'être acteur de ce grand événement dans la vie de notre entreprise.

Nous avions également proposé aux collaborateurs volontaires de renforcer les équipes en boutique pour expliquer le produit aux clients, faire des démonstrations ou tout simplement distribuer des prospectus sur les trottoirs. La mobilisation était générale.

Pour mettre en mouvement toute l'entreprise, nous nous sommes appuyés sur notre réseau social d'entreprise, Wooby Network (bâti sur SharePoint et une solution tierce), qui était déjà bien implanté depuis deux ans environ.

Le RSE nous est vite apparu comme un élément indispensable au dispositif : il nous permettait à la fois d'animer la démarche, d'informer les collaborateurs sur les étapes du lancement, mais aussi et surtout de faire appel à leurs idées pour incarner ce lancement. C'était comme si nous avions organisé un brainstorming géant en permettant à chacun de poster des idées, de donner son avis, de publier des textes, des images et des vidéos et de voter pour ses propositions préférées grâce aux « likes » sur les posts. Tout cela, sans engorger les messageries.

Le RSE a été aussi déterminant dans la phase de renforcement des équipes en boutiques. Au travers d'une « communauté Wooby Network », les collaborateurs se sont organisés : ils ont échangé des conseils et se sont encouragés mutuellement. Les forces de la relation client ont pu s'en servir également pour diffuser des consignes et des modes opératoires.

La mobilisation a été au-delà de nos espérances. De très bonnes idées ont émergé de ces échanges dans les différentes communautés, comme les « flashmob », très à la mode en 2013, dont la chorégraphie était également travaillée et partagée avec le réseau social d'entreprise. En mettant en musique, par ce biais, les propositions des collaborateurs, la communication interne a obtenu une adhésion collective, d'autant plus vertueuse qu'elle n'émanait pas d'une communication top-down mais bottom-up grâce au réseau social. Quoi de mieux pour susciter l'adhésion ?

Cette phase de lancement de la 4G a été la preuve de l'importance d'un réseau social d'entreprise dans une entreprise comme la nôtre. Avec les outils traditionnels, dont la messagerie, il aurait été impossible d'obtenir une telle mobilisation !

Osez exploiter la vidéo, en toute simplicité !

Il n'y a encore pas si longtemps, disposer d'une solution de publication de vidéos au sein de l'entreprise était extrêmement coûteux.

Le sujet est moins simple qu'on ne peut le penser : au-delà du stockage de vidéos dont les poids sont souvent importants s'ajoutent la question de l'interface de contribution et de publication, les questions complexes de codage des vidéos et de débit des réseaux.

Avec mon équipe en 2010, nous avions réalisé un portail vidéo, bien avant la création de l'outil Stream de Microsoft 365 : Wooby Motion.

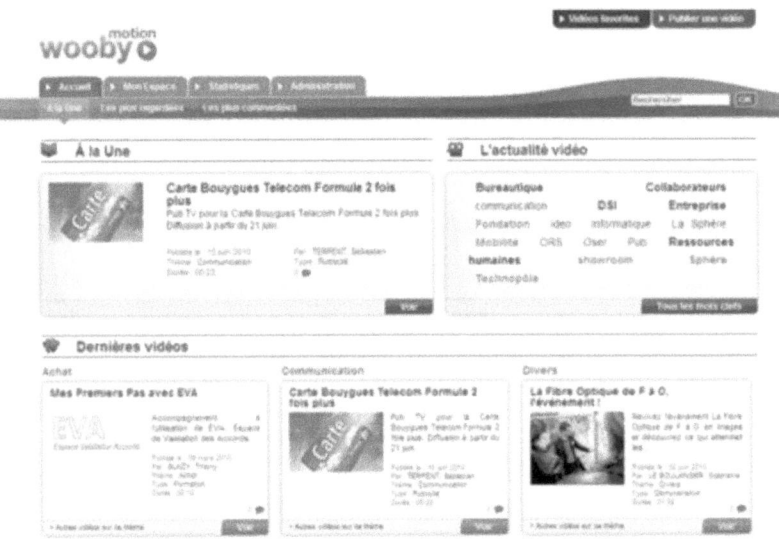

Le portail Wooby motion déployé en 2010 chez Bouygues Telecom

Le support de la vidéo est très puissant. Plutôt qu'un long discours, une vidéo de quelques minutes permet de faire passer les messages. La vidéo peut aider tous les métiers dans l'entreprise : ce n'est plus l'apanage de la seule direction de la communication interne.

Avec Microsoft Stream (nous en reparlerons dans la suite du livre), stocker et diffuser de la vidéo devient très simple. Mais paradoxalement, il n'y a pas eu cet engouement auquel on pouvait s'attendre car nombreuses sont encore les entreprises qui s'interrogent toujours sur l'intérêt de diffuser des vidéos.

Beaucoup redoutent même des dérives, que des salariés publient des vidéos de vacances ou des vidéos salaces, comme celles qu'on peut voir sur YouTube. Sauf que Stream, ce n'est pas YouTube : personne n'est anonyme.

Autre raison du manque d'engouement : les entreprises n'arrivent pas à faire simple. La direction de la communication interne impose parfois des critères sévères aux vidéos en termes de qualité. A toutes les vidéos.

Exemple, dans une entreprise, je souhaitais réaliser moi-même une petite vidéo de 5 min pour expliquer un scénario, mais cela m'avait été interdit car la direction de la communication interne avait des critères stricts : toute vidéo devait respecter des normes de production et de qualité qui dépassaient largement la demi-journée que je comptais y investir. J'avais finalement renoncé.

Pourtant, il est aujourd'hui possible de produire des vidéos rapidement et de manière économique avec un seul iPhone et un logiciel de montage de type Camtasia à 250 euros. Certes cela demande un petit accompagnement mais les compétences à acquérir sont très simples.

En tout cas, avec Microsoft 365 l'entreprise dispose d'un outil pour traiter les vidéos, les encoder à la volée, les stocker et les diffuser avec Microsoft Sway dont nous allons reparler dans les prochaines pages.

Dans sa nouvelle orientation, la communication interne doit savoir exploiter les vidéos et en comprendre la puissance pour diffuser une actualité, une interview, des tutoriels, des explications sur des démarches ou des processus. Elle doit surtout adopter une approche simple et agile sur la question et accepter de « lâcher prise » en permettant à toutes les entités d'en exploitant la puissance, en apportant si besoin un accompagnement méthodologique.

Retransmettez vos évènements en direct live !

Il y a certains évènements qui sont importants dans la vie d'une entreprise : des interventions d'un dirigeant ou simplement une conférence pour expliquer une nouvelle orientation, une nouvelle démarche. Les occasions de prendre la parole en public ne manquent pas.

Nous en avons parlé dans le point précédent : la vidéo a une puissance inégalée pour faire passer les messages et les émotions. Si retransmettre en vidéo un séminaire ou une conférence était complexe dans le passé et réservé à des sociétés disposant de moyens techniques et financiers importants, c'est aujourd'hui accessible à quasiment toutes les entreprises.

Si les moyens existent aujourd'hui, comme nous allons le découvrir dans le chapitre suivant, reste à imaginer les usages qu'on peut en faire et l'ambition qu'on se donne sur cette nouvelle opportunité.

Déléguez la communication terrain aux équipes !

Comme je l'ai évoqué dans le chapitre précédent, rares sont les équipes de communication interne qui disposent des moyens humains à la hauteur de leurs ambitions. Difficile dans ces conditions de pouvoir assurer toute la communication au sein de l'entreprise, depuis la communication Corporate jusqu'à la communication métier des différentes directions et même des services transverses (exemple : informations sur la mise en place d'une nouvelle fonctionnalité dans un outil).

Dans la communication traditionnelle, les moyens de communication officiels accessibles à toute l'entreprise (intranet par exemple) sont sous contrôle de la seule direction de la communication interne : seule cette équipe dispose des droits de publication sur cet organe officiel de diffusion, et seule cette équipe a les compétences requises pour le faire, car souvent l'outil est complexe à maîtriser. Tellement complexe parfois que même au sein de la communication interne, les compétences n'existent plus : l'intranet est alors à l'abandon, comme je le constate à de nombreuses occasions.

Dans cette logique de centralisation, si une équipe souhaite diffuser à toute l'entreprise une actualité sur un sujet particulier (la fin d'un chantier par exemple), elle doit nécessairement soumettre son billet à la direction de la communication interne. S'enclenche alors un processus qui peut être long : valider le contenu, éventuellement le modifier (et revalider). Puis l'équipe de la communication interne va publier cette actualité dans l'intranet.

Hélas, souvent, les équipes de la communication interne ne sont plus dimensionnées pour un tel processus. C'est trop long, quand tout doit aller plus vite.

Sous sa nouvelle forme, la communication interne doit avoir la capacité de déléguer cet effort d'actualité opérationnelle aux personnes qui sont en charge de ces sujets. Pour cela, il faut disposer d'outils facilement utilisables par des novices et auxquels on peut facilement donner des droits de contribution.

Ça peut être un billet d'actualité publié dans un espace du hub d'entreprise (l'intranet nouvelle génération). Ça peut être aussi un post publié dans une communauté du réseau social d'entreprise.

La direction de la communication interne pourra d'ailleurs identifier parmi ces publications celles qui méritent une diffusion plus large : elle pourra alors la « republier » dans une communauté d'entreprise (comme un Retweet dans Twitter).

Sur ce sujet également, si les nouveaux outils rendent les choses possibles, il faut que la posture soit la bonne. Dans ce scénario, la communication interne doit accepter de « lâcher prise » et de déléguer le pouvoir d'une communication terrain à ceux qui sont au plus proche de l'information.

Plus que l'adoption d'un outil, c'est ce sujet qui est souvent le plus compliqué à appréhender.

Soignez l'expérience des employés !

Pendant très longtemps, les entreprises se sont focalisées sur le bien-être de leurs clients en leur proposant des « expériences » les plus riches et agréables possibles. Logiquement, les démarches de digitalisation des entreprises se sont donc principalement concentrées sur le client final.

Le collaborateur a été relégué en second plan et c'est toujours le cas dans de nombreuses entreprises ce qui explique en partie le manque d'intérêt du « digital interne » de la part des dirigeants et décideurs

Depuis quelques années, les choses changent et c'est tant mieux. Les entreprises commencent à comprendre que des employés heureux travaillent mieux et s'investissent d'avantage. Elles voient aussi que leurs salariés n'hésitent plus à les quitter s'ils ne comprennent plus le sens de leur travail ou s'ils estiment que la manière de travailler est archaïque. Garder un employé n'est plus qu'une question de salaire. La crise sanitaire de la COVID 19 a accéléré le mouvement en montrant les conséquences de ne pas tenir compte de ce paramètre.

On parle maintenant « d'expérience employé » ou « Employee Experience » (EX) en anglais. Il s'agit de tout ce qui touche au bien être des collaborateurs, au sentiment d'appartenance, à l'engagement pour l'entreprise qui l'emploie, aux outils dont il dispose pour travailler, au sens donné à son travail, à la reconnaissance, aux facilités apportées (travail hybride, ...), etc.

Comme je l'ai déjà dit, Microsoft investit sur ce sujet avec une nouvelle famille d'outil regroupée sur un nom : Microsoft Viva. Nous en parlerons plus tard.

C'est un sujet transverse à l'entreprise : pour proposer une "EX" correcte à tous les salariés, toutes les directions sont concernées. Bien sûr, les ressources humaines sont en première ligne, mais aussi la direction des systèmes d'information, les directions opérationnelles et bien entendu la direction de la communication interne.

Cette dernière a une responsabilité toute particulière parce qu'elle détient des leviers importants pour améliorer cette expérience, dont l'intranet. Nous verrons ces leviers en détail dans les chapitres suivants.

Digitalisez les processus de l'entreprise !

Vous allez me dire : quel rapport avec la direction de la communication interne et la digitalisation des processus de l'entreprise ? C'est ce que je me propose de vous montrer.

A l'occasion d'une mission d'audit que j'ai menée dans une entreprise, j'avais demandé au responsable de la direction financière si ses équipes faisaient de la communication au niveau de l'entreprise et sous quelle forme.

Il m'avait répondu par l'affirmative, m'avait donné plusieurs exemples qui, tous, concernaient des reportings. Pour résumer, chaque semaine ou chaque mois, ses équipes créaient des fichiers Excel (reportings) qu'ils envoyaient par mails en pièces jointes à différentes populations de l'entreprise. Pour lui, ces envois par mail, c'était bien de la communication d'entreprise.

Pour ma part, ce n'est pas de la communication d'entreprise : c'est plutôt un processus métier très dégradé car dans contexte, l'utilisation du mail n'a strictement aucun intérêt. S'ils utilisaient des mails, c'est juste parce qu'il n'existait aucune autre solution pour mettre ces reportings à disposition en un clic.

Nous sommes ici clairement dans un mode "Push", où le fichier est envoyé aux personnes, qu'elles soient ou non concernées d'ailleurs car au cours de mon audit, nombreux étaient les collaborateurs qui s'interrogeaient sur ces fameux reportings qu'ils recevaient sans trop savoir pourquoi.

D'ailleurs, ces mails étaient noyés dans les messageries : pour retrouver le bon reporting quand ils avaient besoin de le consulter, ce n'était pas simple de les retrouver.

Dans ce cas présent, la véritable solution était de créer un espace digital (site SharePoint par exemple) dans lequel les différentes personnes concernées savent qu'elles vont y retrouver les différents reportings chaque semaine ou chaque mois.

Et si ces reportings sont réalisés avec l'outil Power BI de Microsoft 365, c'est encore mieux : ces tableaux des bord s'intègrent parfaitement dans des sites SharePoint (voir l'exemple en page suivante) et peuvent se mettre à jour en quasi-temps réel si les données sont disponibles (base de données, fichiers Excel, export SAP, etc).

Les personnes qui en ont besoin peuvent ensuite consulter les chiffres dans ces espaces au moment où elles en ont besoin : plus besoin de leur envoyer un mail pour le leur rappeler. C'est ce que j'appelle le mode « pull ».

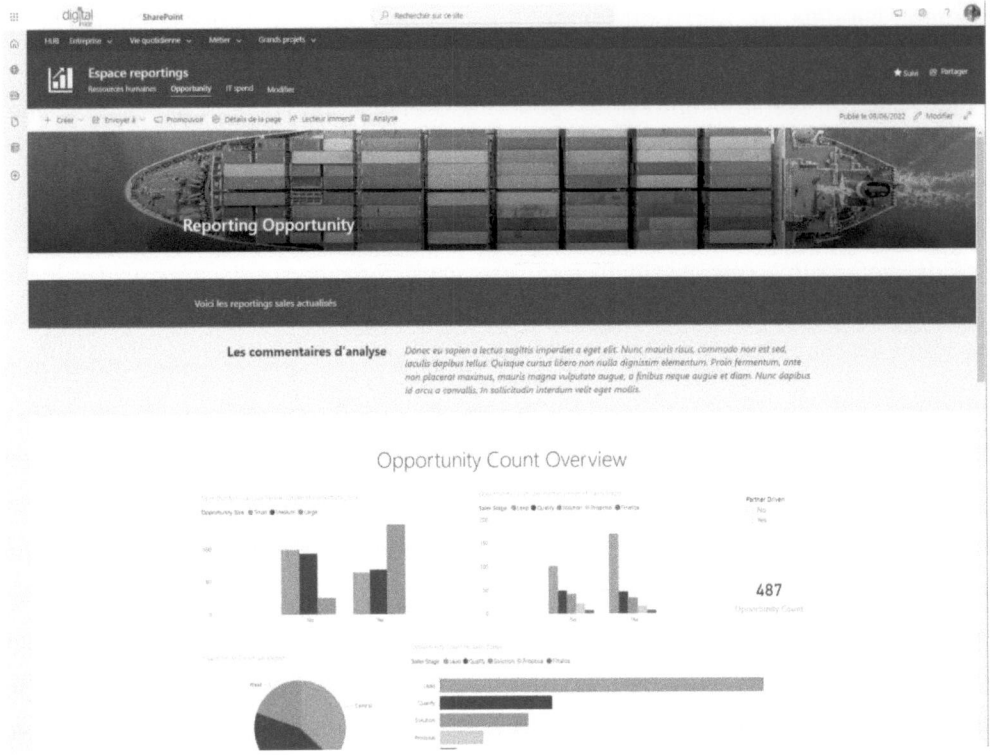

Exemple d'un reporting réalisé avec Power BI intégré directement dans un espace du hub d'entreprise, disponible à tout instant en un clic

Passer d'un mode « push » à un mode « pull » n'est simple pour personne. Ce n'est pas simple pour les personnes qui émettent ces reportings, et ce n'est pas simple pour celles qui les consultent.

Pour les émetteurs, l'envoi d'un mail est rassurant : ils ont le sentiment (illusoire) que les destinataires ont été atteints et qu'ils vont forcément prendre connaissance du reporting. En fait, ce mail et les fichiers Excel en pièces jointes qui l'accompagnent iront rejoindre une centaine de mails non lus. Mais surtout, comme je le disais, le mail n'arrive pas forcément au moment où l'utilisateur en a besoin : lorsque viendra le moment où il doit les consulter, il ne parviendra pas forcément à retrouver ce fameux mail qui aura disparu au tréfonds de la messagerie.

Inversement, côté destinataire, certains apprécient le mail comme une notification utile pour penser à regarder le reporting. C'est donc un changement de paradigme qu'il faut accompagner.

Comme nous venons de le voir, l'expérience utilisateur passe par le soin que l'entreprise va donner à ses processus. Il n'y rien de plus agaçant et démotivant pour un salarié que de passer une heure dans sa journée bien chargée pour faire une démarche qui semble pourtant toute simple, par exemple pour déposer ses notes de frais ou déclarer son activité de la semaine.

Pour prendre conscience de cette réalité, je vous recommande les audits. Les verbatims recueillis sur le terrain à ce propos sont souvent éloquents et sans concession. Des processus abscons, manuels (et donc chronophages), sans réel sens (validations à droite, à gauche) mine profondément l'image de l'entreprise aux yeux du salarié. Le salarié a l'impression que son entreprise marche sur la tête et cela nuit gravement à son engagement. Qui pourrait encore en douter ?

Ce sujet concerne la communication interne car parmi les leviers qu'elle détient, il y a l'intranet que j'appelle le hub d'entreprise, c'est à dire le point d'entrée vers tous les services. Certes, la direction de la communication interne ne va pas mener elle-même la digitalisation des processus de l'entreprise, mais elle a le devoir de proposer un réceptacle pour « exposer » ces processus aux collaborateurs au travers d'un hub d'entreprise. Nous reparlerons en détail du hub et de la digitalisation des processus dans la suite de ce livre.

Donnez de la lisibilité à l'entreprise !

"C'est le foutoir, on n'y comprend rien". C'est l'un des verbatims que je relève régulièrement au cours des audits que je réalise au sein des entreprises, quand je demande aux salariés ce qu'il pense de la structuration de la connaissance.

Donner de la lisibilité à l'entreprise est justement un des leviers de la communication interne dont je parlais à l'instant. Mais qu'est-ce que cela veut dire ? En fait, plusieurs choses.

Donner de la lisibilité, c'est prendre le salarié par la main pour le guider vers la bonne ressource qui contient la bonne information. Cela peut se faire par exemple, par une structuration intelligente de l'intranet (que j'appelle le hub), par un moteur de recherche bien calibré, par une stratégie documentaire claire et cohérence.

Donner de la lisibilité, c'est aussi aider les salariés à comprendre la vie au sein de l'entreprise. Pour le dire simplement, c'est par exemple faire en sorte qu'un nouvel embauché soit capable de comprendre rapidement l'entreprise dans son mode de fonctionnement, dans ses processus. C'est donner aux salariés la possibilité de trouver en quelques clics des informations sur la mutuelle de santé, ou trouver rapidement les masques PowerPoint d'entreprise.

Donner de la lisibilité, c'est également exposer clairement les outils indispensables à certains métiers. C'est par exemple agréger des informations issues d'outils métier au sein d'un espace digital unique, via le hub d'entreprise.

Donner de la lisibilité dans une entreprise qui a déployé un réseau social d'entreprise ou Teams par exemple, c'est exposer et faire la promotion de communautés Yammer ou d'équipes Teams mises en place pour tous les salariés ou pour certaines populations en particulier.

Donner de la lisibilité, enfin, c'est faciliter l'accès à l'information et aux actualités liées à toutes les strates de l'entreprise. C'est par exemple agréger des actualités qui proviennent de différents services transverses.

Quand j'évoque ce sujet avec des directions de la communication interne, on me répond souvent que ce n'est pas dans leur responsabilité, que leur rôle se limite à la communication. Mais la frontière entre la communication (faire passer des messages) et la lisibilité de l'entreprise (savoir où trouver les informations) est fine comme du papier à cigarette. Et si l'entité en charge du hub d'entreprise (intranet) ne prend pas en charge ce sujet, qui s'en chargera ?

Bref, pour moi, donner de la lisibilité, c'est clairement le rôle et la responsabilité de la direction de la communication interne qui détient les leviers pour le faire. Et ces leviers, ce sont en particulier de nouveaux outils qui sont à la disposition de l'entreprise et que nous allons découvrir maintenant.

Un nouvel écosystème pour de nouveaux usages

Si vous pensez qu'il ne faut pas se concentrer sur les outils mais sur le besoin de l'entreprise, vous avez parfaitement raison. Mais le problème, c'est que bien souvent, les entreprises n'arrivent pas à imaginer d'autres scénarios que ceux qu'ils ont mis en place depuis dix, vingt ou trente ans. Et lorsque des outils (comme ceux de Microsoft 365 par exemple) leur proposent des scénarios complètement différents de ceux qu'ils connaissent, forcément, ils ne correspondent pas au cahier des charges.

C'est Henri Ford, le pionnier de l'industrie automobile, qui racontait qu'à ses débuts s'il avait demandé à ses clients quels étaient leurs besoins ils lui auraient répondu « *des chevaux plus rapides* ». Ce n'est qu'après avoir découvert et compris ce qu'est une automobile, qu'on peut avoir des exigences de confort, de vitesse, de consommation.

C'est un peu la même chose avec Microsoft 365. Découvrir les outils permet de découvrir de nouveaux usages, et avec ces usages, de nouveaux scénarios de communication. C'est pour cette raison que je vous propose dans ce chapitre de passer en revue les principaux outils qui vont entrer dans les scénarios de la nouvelle communication interne.

Microsoft 365 encore trop mal connu

Lors de la Modern Workplace Conference Paris 2022, un événement annuel organisé à Paris consacré à Microsoft 365, Karuana Gatimu de la société Microsoft regrettait que tant de sociétés qui ont acheté des licences Microsoft 365 connaissent si mal les outils et donc, s'en servent si peu.

Je fais exactement le même constat. Les sociétés connaissent très mal, voire pas du tout Microsoft 365 même si elles possèdent depuis plusieurs années des licences payées parfois au prix fort. Souvent, ces licences n'ont été uniquement acquises que pour disposer d'une messagerie dans le Cloud. Quel gâchis.

En fait, c'est comme si vous achetiez une voiture mais uniquement pour être confortablement assis dans les fauteuils pour écouter la radio, sans comprendre qu'une voiture permet aussi (et surtout) de se déplacer et de partir en voyage. Et là, le jour où vous comprenez ça, votre champ d'horizon s'agrandit subitement.

Tant que vous n'avez pas conscience de ce que Microsoft 365 vous permet de faire, il est impossible d'imaginer de nouveaux scénarios de travail, de collaboration et encore moins de communication. L'objectif de ce livre est justement de vous faire découvrir de nouveaux horizons.

Attention à la marche !

En octobre 2021, je publiais un article sur mon site digital-inside.fr intitulé « Microsoft 365 : attention à la marche ». Cet article expliquait la difficulté qu'ont les entreprises à rattraper leur retard technologique au fil du temps.

L'évolution des outils et avec eux, l'évolution des usages et des stratégies de collaboration et de partage est comme un train qui part de la gare et qui prend de plus en plus de vitesse. Les entreprises qui restent sur le quai et qui hésitent à monter ont le plus grand mal à embarquer une fois décidée. Et lorsque le train a pris de la vitesse, sauter en marche est risqué.

Il y a un gouffre entre les scénarios de travail, de collaboration et de communication des des années 1990 toujours en vigueur dans une majorité d'entreprise, et ceux proposés par les solutions comme Microsoft 365. Ce ne sont pas uniquement des différences d'outils : ce sont des différences de postures, d'approche, du culture d'entreprise.

Microsoft 365 évolue régulièrement : les solutions dont nous disposions il y a encore cinq ou six ans n'ont plus rien à voir avec celles dont nous disposons aujourd'hui. De sorte que les entreprises qui gardent un rythme d'évolution uniquement tous les dix ans, comme c'était d'usage dans le passé avant le cloud, se retrouvent face à un mur de transformation, quand d'autres n'ont que de petites marches à monter progressivement.

Plus les entreprises tardent dans leur transformation digitale interne, plus l'effort de transformation sera important et compliqué. Réinventer la communication avec Microsoft 365, c'est commencer à mettre un pied dans le train de la transition.

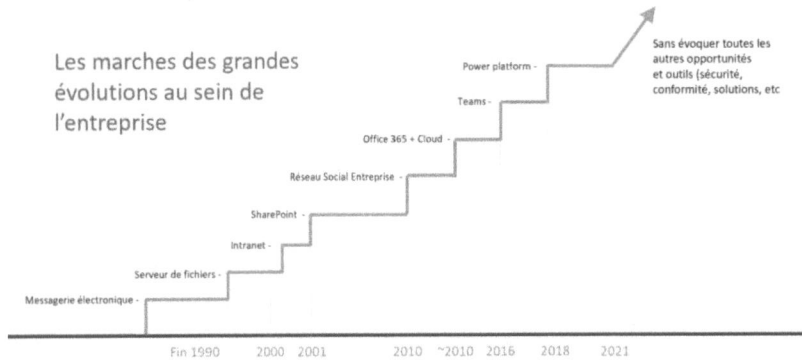

Un panel d'outils, comme les touches d'un piano

Microsoft 365 c'est une plateforme complète qui « porte » quasiment toute l'entreprise : les comptes et profils des salariés, les stratégies de cyber sécurité et de maîtrise de la conformité RGPD, les données, les documents, la collaboration et la communication, les processus métier et pratiques, la téléphonie souvent aussi... La liste n'est pas exhaustive.

Microsoft 365 c'est surtout une quarantaine d'outils, certains destinés à tous les salariés, d'autres plus spécialisés, réservés à des profils plus experts ou ayant des rôles plus techniques. Parmi ces outils, plusieurs sont directement exploitables par la direction de la communication interne : nous allons les explorer dans ce chapitre.

Il faut voir ces outils comme les touches d'un piano. Pour jouer une belle musique, vous avez besoin de toutes les touches blanches et noires pour jouer la mélodie que vous avez composée. S'il vous manque une touche, c'est la fausse note.

C'est donc une erreur que de « commencer par un ou deux outils » seulement, et de s'interdire d'utiliser tous les autres. C'est comme demander à un pianiste débutant de n'appuyer que sur les touches blanches parce qu'on n'a pas le temps de lui expliquer à quoi servent les touches noires.

Il n'y a pas une partition unique pour toutes les entreprises. Chaque société doit composer sa propre partition, en fonction de sa culture d'entreprise, de son organisation, de son ambition, de son esprit innovant ou au contraire conservateur, de la personnalité de son dirigeant, etc.

Ecrire la meilleure partition, c'est la partie la plus complexe si personne dans l'équipe n'a d'expérience dans le domaine. Dans ce cas, mon rôle est d'accompagner les entreprises pour leur faire gagner du temps et leur éviter toutes les erreurs.

Pour réussir à réinventer votre stratégie de communication interne, il vous faut connaître les outils et la manière dont il est possible de les mettre en musique. C'est ce que nous allons voir maintenant au travers de quelques outils.

Focus sur les principaux outils de la communication interne

L'objectif de ce livre n'est pas de passer en revue tous les outils de Microsoft 365.

Mais avant de faire le focus sur certains usages, il me semblait indispensable de faire un survol des principales solutions qui sont en mesure de permettre aux directions de la communication interne de réinventer leur stratégie de communication.

Je vais donc volontairement faire l'impasse sur plusieurs outils que nous estimons pourtant « essentiels » chez Abalon pour l'efficacité individuelle et collective, comme OneDrive, Planner, To Do et autre OneNote.

Sur ce sujet, nous proposons d'ailleurs une solution d'accompagnement sur ces solutions, au travers de la solution « *Les essentiels 365* » que vous pouvez découvrir dans le billet « [Abalon vous aide à découvrir et à maîtriser les outils de Microsoft 365](https://www.abalon.fr) » sur le site internet d'Abalon : https://www.abalon.fr .

SharePoint, l'outil phare des intranets

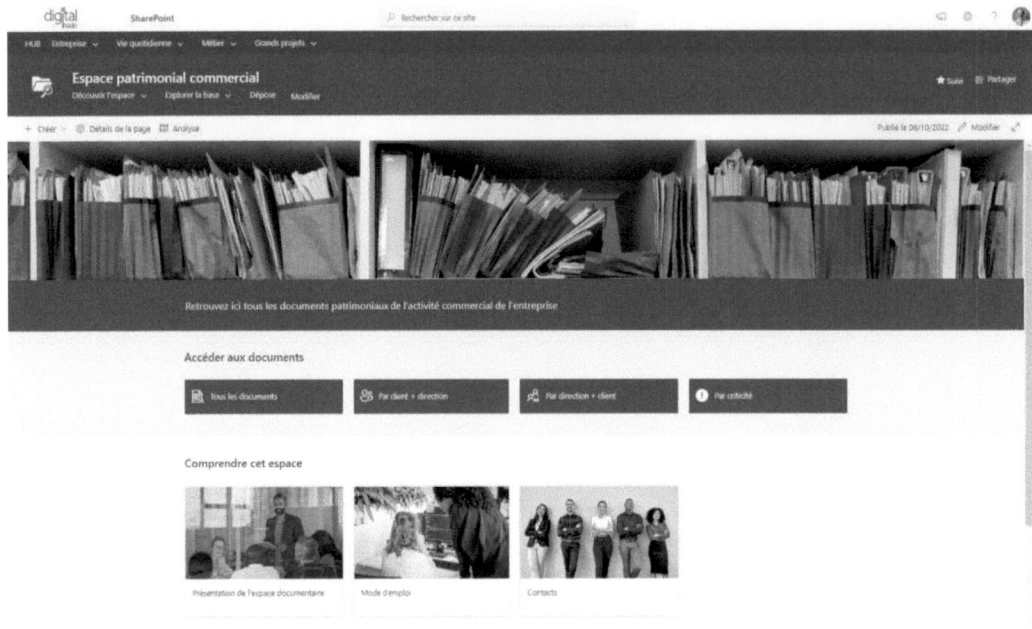

Un site SharePoint intégré dans un hub d'entreprise

Sur le piano des solutions, SharePoint a une place de choix. C'est l'outil central de Microsoft 365, avec Teams. Il est le couteau Suisse du digital interne : il permet de faire de la gestion documentaire (et il est d'ailleurs essentiellement connu pour ça), de digitaliser des processus et bien entendu, il permet de réaliser des intranets.

SharePoint n'est pas une nouveauté : j'utilise SharePoint depuis 22 ans. Pendant très longtemps il a d'ailleurs été le seul et unique produit collaboratif de Microsoft, avec la messagerie Outlook.

Mais SharePoint a mauvaise réputation. Ceux qui ont connu les versions précédentes gardent le souvenir d'un outil compliqué et incapable de proposer un intranet esthétique digne de ce nom. Et c'était vrai : pour avoir un résultat potable il fallait ouvrir le capot et trafiquer la mécanique. Les gains promis en utilisant un outil clé en main pour faire un intranet étaient alors annihilés par du développement coûteux, complexe et très difficile à maintenir.

En quelques années, SharePoint a complètement changé. La nouvelle version est appelée « SharePoint online », disponible uniquement sur le Cloud. Et comme nous le verrons dans le chapitre suivant, cette nouvelle version est de nature à révolutionner l'approche de l'intranet.

Mais ne vous leurrez-pas : cette nouvelle version ne garantit en rien une utilisation efficace de l'outil. Des sites déployés en dépit du bon sens, sans aucune organisation et sans réflexion ne donneront jamais un résultat satisfaisant. Jouer sur un stradivarius ne garantit en rien de faire une belle mélodie.

Pour en savoir plus : https://www.digital-inside.fr/sharepoint

Teams, le hub collaboratif

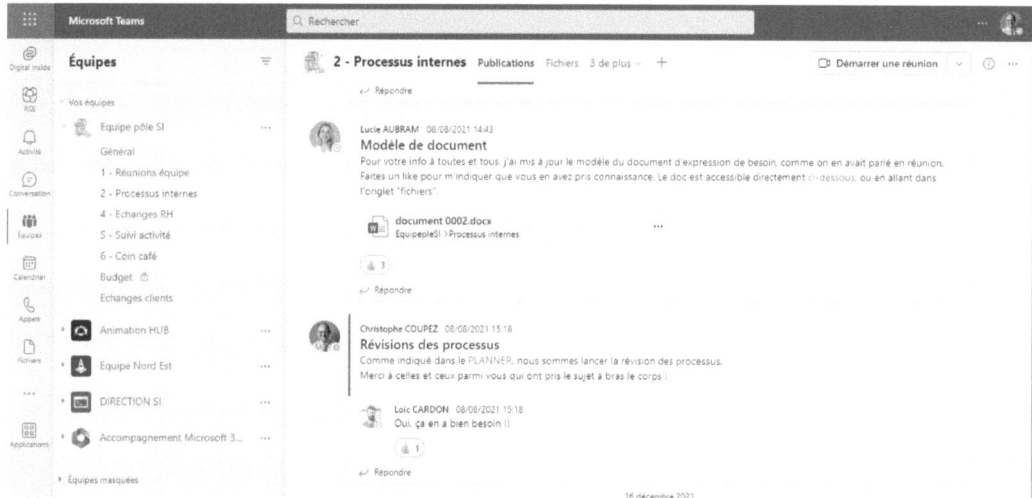

Une équipe Teams de vie d'équipe (ici un pôle SI)

Microsoft Teams est apparu dans l'offre Microsoft 365 en 2016. Il reprend les concepts de l'outil Slack qui était déjà à cette époque une solution collaborative très prisée des équipes techniques.

L'outil repose sur la création d'équipes qui sont autant de communautés sur des sujets de collaboration comme des projets, la vie d'équipe, des démarches d'entreprise, etc.

Chaque équipe propose plusieurs canaux thématiques de dialogue disposant chacun d'un mur de discussion et d'un espace de stockage, à minima. Ce sont dans ces canaux que les collaborateurs dialoguent, sans utiliser les mails.

Si la première révolution collaborative digitale dans l'histoire des entreprises a été la messagerie dans les années 1990, Teams est assurément la seconde, bien plus encore que l'avènement des réseaux sociaux d'entreprise il y a dix ans.

Les gains d'une collaboration avec Teams versus la messagerie ne font pas de doute dans l'esprit de ceux qui l'ont largement adopté. Et le positionnement fonctionnel et technique central que lui donne l'éditeur est tout particulièrement bien pensé.

Si vous doutez de l'intérêt d'utiliser Microsoft Teams plutôt que la messagerie pour collaborer au sein de votre entreprise, visionnez la vidéo « Pourquoi Teams est plus efficace que la messagerie » disponible sur mon site www.digital-inside.fr/videos : cette vidéo aborde en détail tous les gains.

Dans la suite de ce livre, nous nous intéresserons plus particulièrement aux scénarios que Teams permet de mettre en œuvre dans le cadre du métier de la communication interne.

Pour en savoir plus : https://www.digital-inside.fr/teams

Viva, l'expérience employé

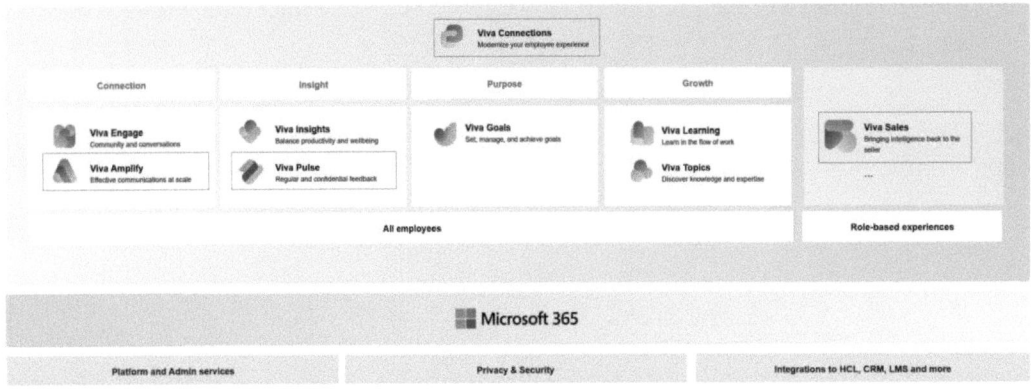

Extrait de https://almbok.com

Les produits Microsoft Viva sont les petits derniers de Microsoft 365. Les premiers produits ont été annoncés le 4 février 2021 et de nouveaux produits sont annoncés régulièrement.

Ces solutions sont clairement orientées « *Employee Experience* » (EX) : j'ai évoqué ce sujet dans les pages précédentes. Autrement dit, ces solutions ont pour focus le collaborateur, son bien-être et son développement. Mais les nouveaux outils vivent plus haut encore.

Viva est une collection de plusieurs outils : Viva connection, Viva Engage, Viva Amplify, Viva Insights, Viva Pulse, Viva Goals, Viva Learning, Viva Topics, Viva Sales.

Impossible pour une direction de la communication de les ignorer car plusieurs de ces solutions ont un impact direct sur le champ des possibles de la communication. Mais le sujet mérite un chapitre dédié, que j'aborde un peu plus loin dans ce livre.

Pour en savoir plus : https ://www.digital-inside.fr/viva

Yammer, le réseau social d'entreprise

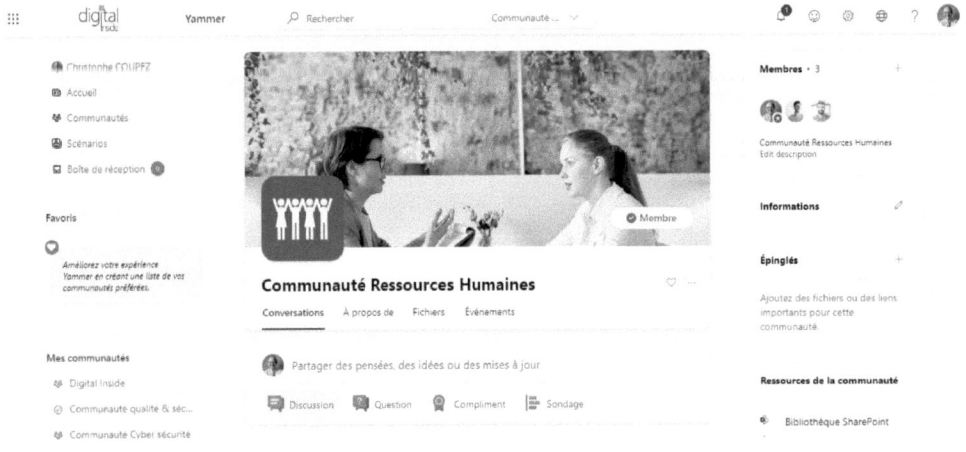

Un exemple de communauté Yammer

Yammer a été créé en 2008. Au début, c'était une solution de réseau social d'entreprise parmi d'autres, créée par David O. Sacks, le fondateur du site de généalogie Geni. C'était juste après l'explosion de l'usage de Facebook, une invention encore toute récente.

Entre temps, Microsoft avait essayé d'intégrer une solution de « réseau social d'entreprise » dans SharePoint, via un mur de discussion, mais le résultat n'était pas probant, même si des entreprises l'ont adopté, parfois à grand renfort de développement pour en améliorer l'expérience utilisateur.

Yammer a été racheté ensuite par Microsoft en 2012 et intégrée réellement dans Office 365 en 2017. Mais cette intégration laissait tout de même à désirer : on sentait bien que Yammer était « une pièce rapportée » : Yammer disposait de ses propres profils utilisateurs et s'intégrait mal à Office 365.

Mais depuis quelques années, le retard a été rattrapé. Aujourd'hui Yammer est une très belle solution de réseau social d'entreprise, à la fois fonctionnelle, pratique, esthétique et surtout très bien intégrée dans l'écosystème de Microsoft 365.

Je n'en dis pas plus : nous reparlerons en détail de ce qu'on peut en faire dans le chapitre dédié aux scénarios à déployer avec Yammer.

Pour en savoir plus : https://www.digital-inside.fr/yammer

Forms, les enquêtes et QCM en ligne

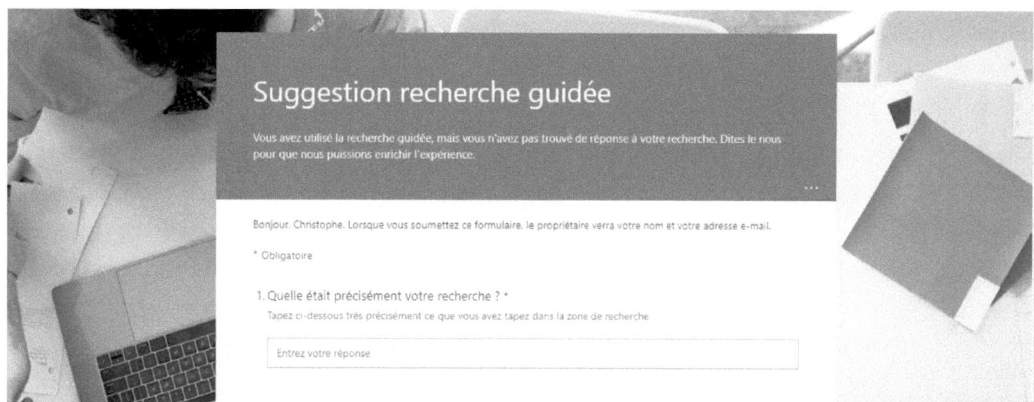

Une enquête Forms pour recueillir des suggestions d'utilisateurs sur la recherche guidée du hub d'entreprise

Quelle direction de la communication n'a jamais eu besoin de faire une enquête auprès de toute l'entreprise ? Les enquêtes sont très pratiques : elles permettent de prendre une photo à l'instant T sur différents sujets.

Jusqu'à maintenant, lancer une enquête était compliqué. Les plus inconscients lançaient les questions par mails et embauchaient ensuite un intérimaire pour compiler les réponses dans des fichiers Excel pour en analyser les résultats (ce cas est véridique).

D'autres recherchaient sur Internet un outil d'enquête mais cet outil n'étant pas intégré dans l'entreprise il était compliqué de garantir que seuls les collaborateurs pouvaient y répondre.

Forms est un outil très simple qui permet de faire des enquêtes très complètes, avec la possibilité de branchements (si … alors). Vous pouvez aussi faire des tests notés : poser des questions et donner une note si la réponse est bonne. Bref, Forms est un essentiel pour une direction de la communication interne, ainsi que pour toutes celles et ceux qui doivent sonder une population de collaborateurs.

Pour en savoir plus : https://www.digital-inside.fr/forms

Stream, la diffusion des vidéos

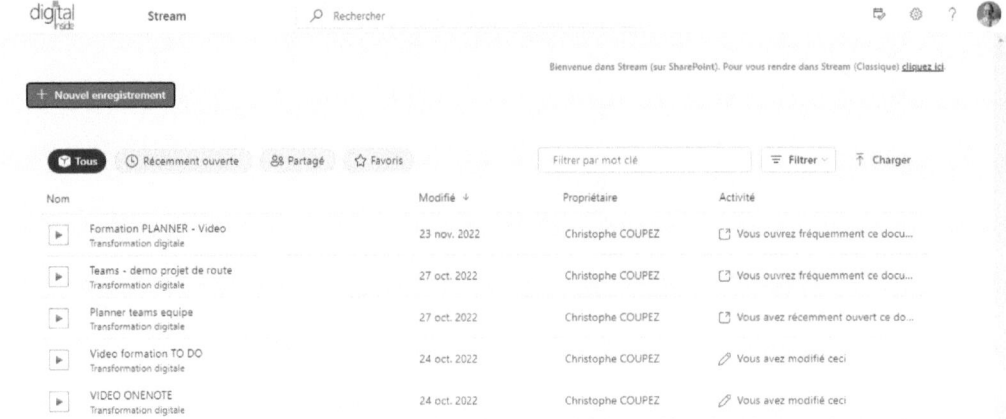

La page d'accueil de Microsoft Stream, qui agrège les vidéos accessibles

Nous en avons parlé dans le chapitre précédent : toutes les entreprises ne sont pas encore convaincues de l'intérêt de la vidéo dans le milieu professionnel et c'est bien dommage.

Microsoft Stream est la solution de Microsoft pour stocker et diffuser des vidéos au sein de l'entreprise. Cet outil a évolué ; dans sa version précédente, c'était un véritable YouTube interne avec la possibilité de créer des chaînes thématiques de vidéos. Dans sa nouvelle version, c'est plutôt une solution de stockage et de diffusion avec des encodages adaptés. C'est un peu dommage.

Dans tous les cas, Microsoft Stream reste une solution efficace pour diffuser de la vidéo au sein de l'entreprise, mais nous en reparlerons un peu plus loin dans ce livre.

Pour en savoir plus : https://www.digital-inside.fr/stream

Sway, la publication simplifiée

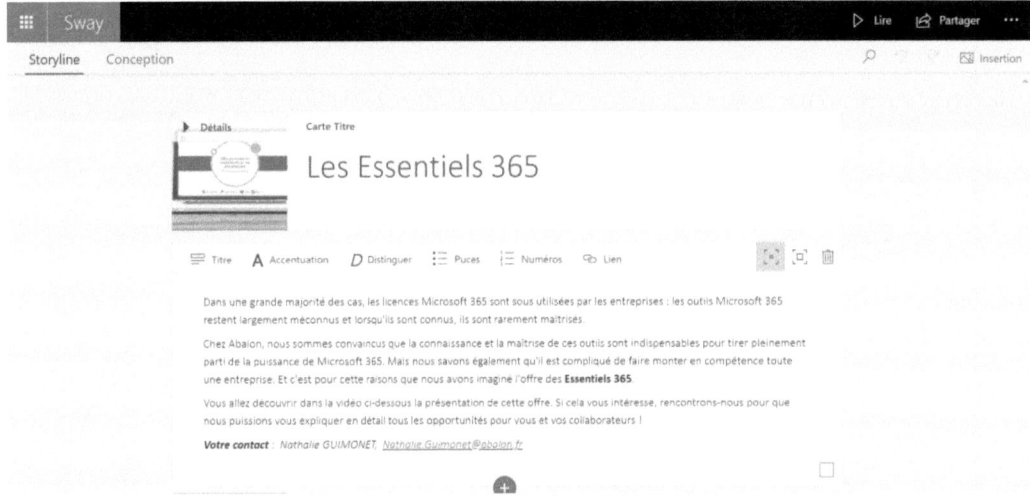

Module d'administration d'un Sway, avec des cartes de titre, texte, image, et vidéos

Sway est un outil quasiment inconnu et c'est fort dommage. Cet outil permet de créer une page Web en quelques clics. Il fonctionne par le positionnement de « cartes » : cartes texte, titre, image, vidéo, etc. Vous pouvez ensuite sélectionner la forme visuelle de la page, et cette page Web se construit sans rien faire.

Sa puissance tient en particulier au fait qu'elle « embarque » des vidéos, ce qui peut être bien utile pour montrer une vidéo à des personnes externes à l'entreprise, sans mettre la vidéo sur YouTube.

Les cas d'usage sont nombreux. On peut l'utiliser principalement par exemple pour créer un support tutoriel, avec de belles images, du texte et bien entendu une ou plusieurs vidéos embarquées. Vous pourrez ensuite partager ce Sway au sein de l'entreprise, auprès par exemple des seuls collaborateurs. Ou au contraire, vous pourrez le partager avec des personnes externes à l'entreprise.

Dans l'exemple que vous pouvez voir à l'adresse https://bit.ly/LesEssentiels365 nous vous présentons par exemple les Essentiels 365, notre solution d'accompagnement aux outils Microsoft 365, avec une vidéo.

Sway a les défauts de ses avantages : c'est un outil très simple d'usage, donc limité. Si vous voulez fixer la taille des images au pixel près, oubliez ! Les formes sont un peu imposées. De même la personnalisation du rendu final est un peu déconcertante au début, mais l'outil reste très utile dans une démarche de communication simple et rapide.

Pour en savoir plus : https://www.digital-inside.fr/sway

Power Platform, la digitalisation des processus

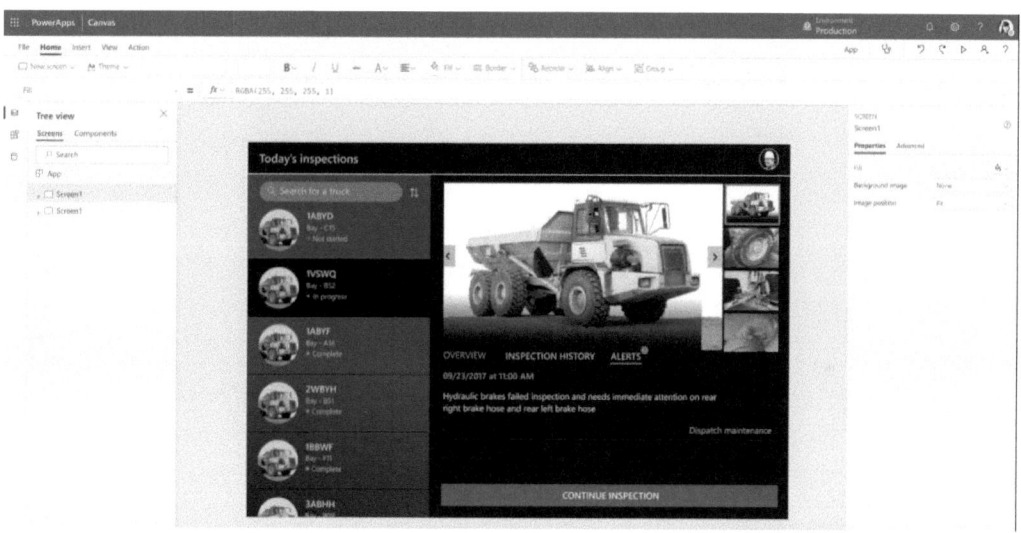

L'application Power Apps pour créer des applications PC, smartphone ou tablette

Avec Power Platform, on change de registre. Power Platform regroupe plusieurs outils techniques, comme principalement Power Apps (pour réaliser des applications), Power BI (pour faire des tableaux de bord de données), Power Automate (pour créer des actions automatiques) et Power Virtual Agents (pour créer des agents conversationnels - bots).

Alors, vous allez me dire : pourquoi diable nous parler de ça, à nous, acteurs/actrices de la communication interne qui ne sommes pas des informaticiens ?

Tout simplement parce que ces solutions permettent de contribuer à enrichir « l'expérience employé » au sens large. Une expérience portée en grande partie par des dispositifs sous la responsabilité de la direction de la communication interne, comme l'intranet par exemple.

Nous explorerons l'intérêt de la Power Platform dans la suite de ce livre.

Pour en savoir plus : https://www.digital-inside.fr/power-platform

Delve, le profil utilisateur (entre autres)

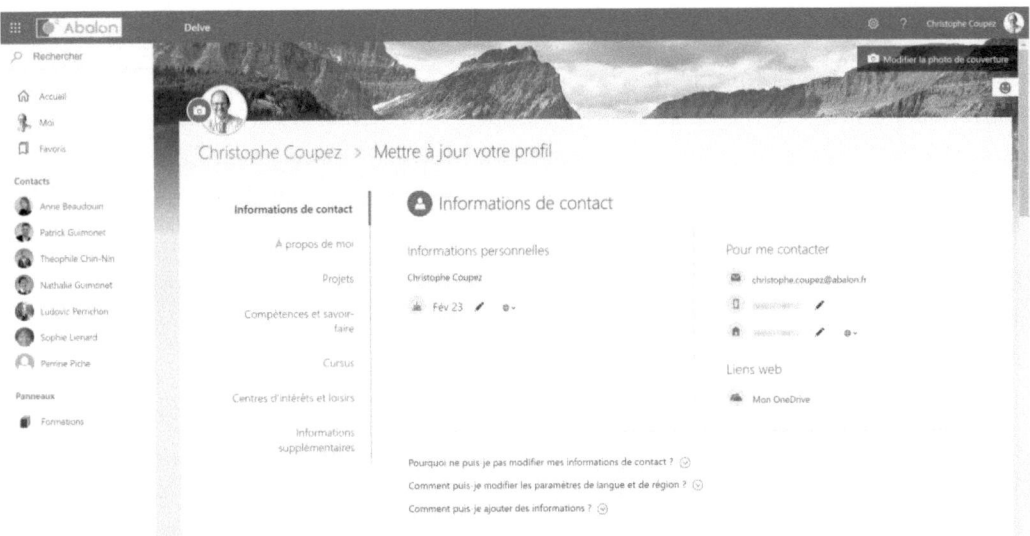

La page du profil utilisateur dans l'outil Delve

Le saviez-vous ? Tout utilisateur de Microsoft 365 peut remplir un profil utilisateur. Selon ce que l'entreprise a retenu comme champs d'information, il peut décrire son parcours professionnel, ses formations, expliquer ses compétences, ses sujets d'expertise, les projets sur lesquels il travaille.

Ce profil utilisateur est commun à tous les outils de Microsoft 365 : un autre avantage par rapport à plusieurs outils d'éditeurs différents qui proposent leurs propres profils.

Des profils renseignés peuvent s'avérer fort utiles. Tout d'abord, ils ressortent dans les résultats du moteur de recherche global de Microsoft 365. Ainsi, si j'indique que je suis expert dans l'usage de Teams, en recherchant le mot « Teams », mon profil apparaîtra dans les réponses.

Ces profils sont également utiles pour connaître nos interlocuteurs et savoir sur quels sujets ils travaillent. Ces informations sont certainement également utilisées par l'intelligence artificielle de Microsoft 365 pour vous recommander des contenus, en fonction de vos sujets de prédilection que vous aurez mentionnés.

Dans l'absolu, ce système de profil est le Saint Graal car qui, sans sa carrière, n'a jamais cherché sans succès le bon interlocuteur sur un sujet précis ? Mais dans la vraie vie, c'est moins simple. Si nous rêvons tous de trouver les bons interlocuteurs sur certains sujets, à l'inverse, nous ne souhaitons pas forcément être sollicités sur nos propres sujets d'expertise.

Néanmoins, cette opportunité mérite d'être connue et donc d'être mentionnée dans ce livre. Libre ensuite à la direction de la communication interne (ou direction des ressources humaines) d'en faire la promotion auprès des collaborateurs pour en tirer tous les avantages.

Notons que Viva Topics a également une capacité à identifier les bons interlocuteurs sur certains sujets majeurs de l'entreprise. Nous en reparlerons.

Pour en savoir plus : https://www.digital-inside.fr/delve

Les outils de Microsoft 365 sont-ils les meilleurs dans leur domaine ?

Très régulièrement, des entreprises me demandent si, en toute objectivité, les outils de Microsoft 365 sont les meilleurs pour faire des intranets ou des réseaux sociaux d'entreprise.

Mais les meilleurs par rapport à quoi ?

Chacun d'entre nous a une idée précise de ce qu'il considère comme le « meilleur outil », selon ce qu'il en attend, le budget qu'il souhaite y consacrer, etc. Chaque entreprise a ses propres priorités, ses propres exigences, ses propres attentes. Ce qui pourrait très bien convenir à une entreprise pourrait ne pas du tout convenir à une autre.

Chaque solution apporte son lot d'avantages et d'inconvénients. Il y a de nombreuses solutions sur le marché : des sociétés produisent chaque année des comparatifs très précis qui vous donneront une partie de la réponse à cette question.

Le secret pour bien choisir, c'est d'avoir une idée précise des scénarios que vous voulez mettre en place et de voir comment ces scénarios sont joués avec chaque solution pour finalement choisir celui qui offre le scénario le plus fluide et naturel. Encore faut-il avoir une idée de ce que pourraient être des scénarios de communication.

Une chose est sûre : la force indiscutable de Microsoft 365, c'est l'intégration de tous les outils dans un seul et unique écosystème qui partage les mêmes solutions de sécurité, de maîtrise du RGPD, … le tout au travers d'une licence dont la moins chère coûte moins de 6 euros HT par mois (Business basic).

Si votre entreprise a acheté des licences Microsoft 365, choisir autre chose qu'une des solutions de Microsoft 365 pour couvrir certains besoins (un autre outil que Yammer pour le réseau social d'entreprise par exemple) n'est pas sans conséquence. Ce sont bien sûr des coûts supplémentaires en licence, mais pas seulement. Cela remet surtout en cause la capacité de jouer certains scénarios que nous allons évoquer dans ce livre.

Une chose est certaine : pour savoir à quoi on renonce, encore faut-il connaître ces possibilités pour juger et prendre la décision en toute connaissance de cause.

Je vous invite à lire mon livre blanc « Quels outils choisir pour digitaliser l'entreprise » si vous vous posez des questions sur les choix à faire. J'y donne les questions à se poser et des éléments de réponse pour choisir entre des solutions « toutes intégrées » (Microsoft 365) ou « sur étagères » (d'éditeurs différents).

De l'intranet au hub d'entreprise

Quand on pense « communication interne », on pense forcément « intranet ».

Il n'existe pas de définition académique de ce qu'est un intranet, ni du terme qu'il faut utiliser pour désigner ce dispositif. Chacun a sa vision de ce qu'est un « intranet » et comment il faut l'appeler, selon son expérience, son vécu ou les services qu'il en attend.

En ce qui me concerne ma vision repose sur plus de vingt-trois ans d'expérience du monde de « l'intranet ». Cette vision correspond à mon ressenti sur ce sujet qui sera forcément différent d'autres personnes.

Pour cette raison, il est important de bien poser au début du projet le vocabulaire qu'on va utiliser et la signification des mots.

De l'intranet au Hub d'entreprise

Aujourd'hui, je ne parle plus d'intranet mais de hub d'entreprise et je vais vous expliquer pourquoi au travers de ce retour dans le passé et des différents termes utilisés, en me basant sur ma propre expérience chez Bouygues Telecom pendant quinze années.

Fin des années 1990 : l'intranet

C'est à la fin des années 1990 que le mot "intranet" a été inventé tout pour désigner tout site Web à usage interne à une entreprise, accessible uniquement depuis le réseau interne.

Par extension, le mot a été rapidement utilisé pour désigner l'espace Web interne "Corporate" d'entreprise dans lequel on retrouve les informations officielles de la société.

Si tous mes clients me parlent encore aujourd'hui d'intranet, personnellement je n'utilise plus ce mot qui correspond selon moi à la vision obsolète du concept du début des années 2000 : le concept d'un site Web de communication uniquement, avec quelques pages et un annuaire.

Début 2000 : le portail intranet

Début 2000, les métiers ont découvert la puissance du Web interne (intranet) pour mettre en place des sites de toutes sortes : pour informer les collaborateurs ou pour digitaliser certains processus avec des formulaires (le début de la digitalisation).

Si « l'intranet » était jusqu'alors sous le seul contrôle de la direction de la communication interne, petit à petit, les métiers se sont approprié ce concept et ont lancé leurs propres projets, souvent considérés comme concurrents par la direction de la Communication

Interne. Devant la multiplication des sites Web internes (métier et autres), le besoin d'une « porte d'entrée » à tous ces sites intranet s'est vite fait ressentir. Et pour cela, « l'intranet corporate » de l'entreprise était un candidat tout trouvé : l'intranet devenait « portail ».

Ainsi, en plus de sa dimension initiale d'outil de communication, le portail avait pour nouvelle mission de donner un accès central aux différents dispositifs utiles aux collaborateurs, qu'ils soient ou pas portés par la direction de la communication interne.

Le portail Wooby de Bouygues Telecom en 2003

Cette nouvelle orientation avait déclenché quelques conflits de pouvoir dans les entreprises, lorsque les directions de la direction de la communication interne refusaient de référencer sur leur portail des sites intranet métier, considérés parfois comme « concurrents » sur le plan éditorial, surtout lorsque les métiers intégraient de la communication au sein de leurs pages, chasse gardée de la communication interne.

Et déjà, le rôle de la direction de la communication interne évoluait : en plus de sa mission principale de communication d'entreprise, elle endossait sans s'en rendre compte une responsabilité d'efficacité collective de l'entreprise en aidant (ou pas) les collaborateurs à accéder aux bons dispositifs. Ce n'était qu'un début.

Après 2010 : le digital Workplace

Ce mot est devenu rapidement un mot marketing parfois vidé de son sens. Des outils de CMS (Content Management System) permettant de faire des intranets tout à fait classiques en termes de positionnement et d'approche se sont vus rebaptisés « digital Workplace » pour mieux coller à l'esprit du moment.

En réalité, le digital Workplace c'est surtout un concept : celui d'un espace de travail numérique global et ultime. C'est l'accès depuis une seule interface aux informations de l'entreprise, aux données, aux actualités, à la communication, à la collaboration, aux outils de travail, etc.

C'est l'accès depuis n'importe quel appareil, que ce soit un PC avec un navigateur internet, un smartphone, une tablette numérique : any where, any device, any time.

En fait, selon ma propose conception, le vrai digital Workplace, c'est tout simplement Microsoft 365. En tapant l'adresse https://www.microsoft365.com depuis n'importe quel ordinateur, s'ouvre une page d'accueil depuis laquelle vous accédez à tout : aux applications de collaboration et de partage, à vos fichiers, aux données de travail, aux espaces de communication, etc.

Le vrai digital Workplace, c'est ça. Le reste c'est du marketing.

Aujourd'hui : le hub d'entreprise

C'est en 2019 que Microsoft a déployé une nouvelle fonctionnalité dans SharePoint : le hub de sites.

Jusqu'alors, les intranets réalisés avec SharePoint étaient structurés en arborescence de sites et de sous sites SharePoint. Intellectuellement, c'était satisfaisant, mais lorsqu'il fallait modifier la structure de cette arborescence de sites et de sous sites, on comprenait vite les limites du système car l'opération était complexe, voire parfois carrément impossible.

Le hub SharePoint, c'est une autre logique : on n'utilise plus la fonctionnalité de sous sites. A la place, des sites SharePoint sont créés au même niveau et sont ensuite raccrochés par un simple clic à un site principal, qu'on appelle le site hub. Ainsi, lorsqu'il faut raccrocher un nouveau site à un hub ou le déplacer, l'opération se fait en un clic.

Cette explication est simpliste : elle ne vous permettra pas forcément d'en comprendre toute la puissance. Mais ce qu'il faut retenir, c'est que ce concept a révolutionné ma vision de l'écosystème « intranet » et a façonné mon approche actuelle. Pour cette raison, désormais, je parle de **hub d'entreprise**, en référence à cette fonctionnalité.

Le nouveau positionnement du hub d'entreprise

La difficulté que je rencontre dans mes missions, c'est que mes clients ont très souvent une approche très « intranet » de leur projet. Autrement dit, ils ont une vision très classique du positionnement de ce dispositif, axé uniquement sur de la communication, comme au début des années 2000.

C'est bien normal, parce que ces entreprises n'ont pas forcément la connaissance du « nouvel état de l'art digital » avec Microsoft 365 et des nouvelles opportunités offertes par Microsoft 365 en général, et la nouvelle version de SharePoint en particulier. C'est ma responsabilité que de leur faire découvrir le nouveau positionnement de ce dispositif que j'appelle « hub d'entreprise ».

Parce que ce positionnement est très différent, je commence généralement toutes mes missions par un séminaire de près de 2h00.

Mais en voici les grandes lignes de ce qui caractérise un hub d'entreprise.

Le hub d'entreprise, c'est une structuration thématique et non organisationnelle

L'approche des intranets du début des années 2000 était organisationnelle. On construisait les intranets par grands blocs calqués sur l'organisation : un espace « corporate » pour les informations générales d'entreprise, un espace direction ressources humaines, un espace direction finance, un espace direction services généraux, un espace direction informatique, etc. Et tous les services et informations portées par ces directions s'y trouvaient stockés.

J'ai rencontré un jour un cas d'usage très parlant : la direction informatique gérait la téléphonie mobile, et la direction des services généraux gérait la téléphonie fixe. Pour avoir des informations sur la « téléphonie » de façon générale, le collaborateur devait avoir en tête l'organigramme pour savoir quelle direction gérait chaque sujet pour aller dans les espaces correspondants. Ce n'est évidemment pas satisfaisant.

La logique du Hub d'entreprise est plutôt de regrouper les informations de façon logique sans se soucier de qui-porte-quoi : le collaborateur ne doit pas avoir à connaître l'organigramme pour savoir où trouver des informations sur la téléphonie fixe ou mobile. Et pour ménager les égos des directions, un petit logo « Powered by DSI » suffit pour indiquer à l'utilisateur qui est porteur d'un service.

De cette manière, pour trouver des informations sur la téléphonie, une simple rubrique « téléphonie » dans un espace « Outils et services » permet aux collaborateurs d'avoir toutes les informations utiles sur la téléphone fixe et mobile.

Le hub d'entreprise, c'est un outil d'exposition des informations utiles à toute l'entreprise

Dans l'ancienne approche, l'intranet ressemblait à un immense vide-poche. Il était censé tout contenir : à la fois des informations généralistes qui serviront à toute l'entreprise mais aussi tous les documents de travail des directions.

Comme nous allons le voir dans le chapitre sur la place de Teams dans l'écosystème, les documents de travail internes aux équipes n'ont plus leur place dans l'intranet : les documents de travail des directions et des équipes sont dans des équipes Teams, comme nous l'évoquerons dans un prochain chapitre.

Le hub d'entreprise, c'est avant tout un dispositif dont l'objectif unique est d'exposer des informations et de la connaissance finalisée, validée, pérenne qui sera utile à tout ou partie de l'entreprise, selon les droits d'accès de chacun.

Par exemple, on trouvera dans le hub d'entreprise un espace exposant les informations générales sur la vie du collaborateur : les informations sur la mutuelle santé, les règles de prise de congés et absences, les informations sur la visite médicale, etc.

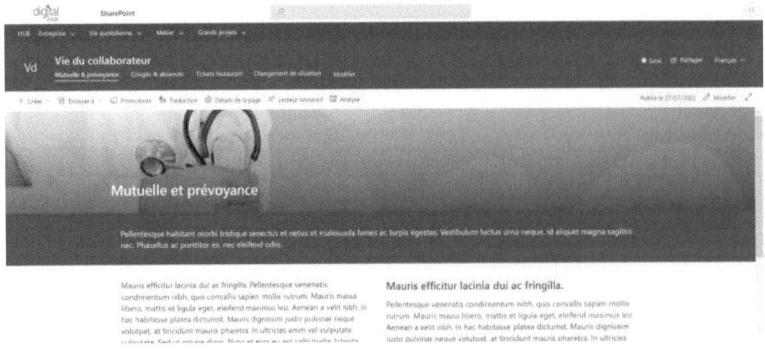

Exemple la rubrique mutuelle et prévoyance dans l'espace vie du collaborateur

On trouvera aussi un espace sur les outils et services : les informations sur les postes de travail, les mopieurs / imprimantes, la connexion réseau, la téléphonie, etc.

On trouvera également un espace sur les normes et procédures, sur les sujets de sécurité et de cyber sécurité. On y trouvera également des espaces documentaires : ce que j'appelle par exemple des « espaces patrimoniaux » dans lesquels on déposera des documents comme les Kbis, les contrats, les factures, avec toutes les règles de sécurité nécessaires.

Le Hub d'entreprise, c'est une porte d'entrée vers les différents dispositifs

Le hub est à la fois un intranet, un portail et un mini digital Workplace. Autrement dit, le hub d'entreprise doit permettre d'accéder aux différents dispositifs, de manière simple et lisible. Il peut s'agir de dispositifs intégrés dans le hub ou d'applications & de sites intranet ou internet externes, au travers de simples liens intelligemment positionnés.

Le hub d'entreprise doit permettre par exemple de mettre en visibilité des équipes Teams importantes pour le collaborateur connecté ou de faire la promotion de communautés Yammer essentielles dans la vie de l'entreprise.

Exemple d'une mise en valeur de communautés Yammer dans un hub d'entreprise

C'est aussi la possibilité de « guider » le collaborateur vers la bonne source d'information, comme nous le verrons dans la suite de ce chapitre.

Le Hub, c'est la possibilité de déléguer la communication aux métiers

Bien évidemment, le Hub d'entreprise est un outil de communication.

Dans un intranet « classique » d'ancienne génération, seule la direction de la communication interne pouvait publier de l'information, personne d'autre. Il peut y avoir plusieurs raisons à cela : c'est peut-être une décision éditoriale ou simplement la conséquence d'une difficulté technique due à l'outil utilisé, trop complexe à mettre entre toutes les mains ou dont les accès sont difficiles ou impossibles à déléguer.

Grâce à la logique du hub SharePoint et à la simplicité de l'usage de la nouvelle version de SharePoint, il est maintenant possible de donner aux acteurs métier la possibilité de gérer leur propre communication.

Cela peut être par exemple des acteurs de la direction des ressources humaines qui pourront publier très facilement des billets d'information dans un espace « Vie du collaborateur ». Ils pourront par exemple rappeler la période des entretiens individuels ou l'importance de solder les RTT en fin d'année, avec des conseils et des explications.

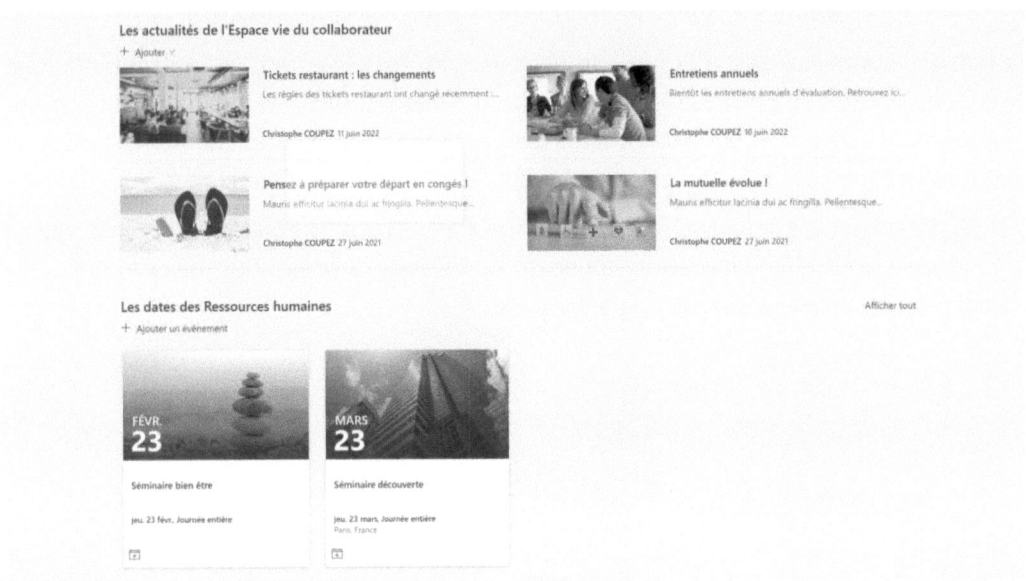

Exemple d'actualité et d'événements annoncés par les responsables des ressources humaines au travers de l'espace vie du collaborateur

Et toutes les actualités des différentes espaces sont agrégés, grâce à la notion de Hub, au sein de la page d'accueil du Hub d'entreprise.

Le Hub d'entreprise, c'est un outil métier

Les responsables de la communication interne rêvent que leur « intranet » soit utilisé au quotidien. Pour cela, ils multiplient bien souvent les envois de mail pour « pousser » les collaborateurs à l'utiliser. La vraie solution serait tout simplement de rendre le hub d'entreprise indispensable au quotidien.

J'en ai parlé en pages 37 & 38 : dans une entreprise, j'ai proposé d'ajouter dans le hub d'entreprise un espace « reporting » qui permettait d'exposer des tableaux de bord Power BI aux managers habilités. Il était alors possible de supprimer les envois de mails quotidiens, avec en pièce jointe des fichiers Excel.

Chez UFF (voir le témoignage ci-contre), nous avons migré les milliers de fiches commerciales stockées jusqu'alors dans plusieurs serveurs de fichiers à l'arborescence complexe dans un espace commercial du hub, en utilisant des colonnes pour organiser les documents plutôt que des dossiers. De cette manière, le hub d'entreprise devient un outil de travail à part entière et indispensable au quotidien.

Caroline d'HOTELANS

Responsable de Programme de Transformation chez UFF (https://www.uff.net/)

témoignage

My UFF

Nous sommes une société de Conseil en Gestion de Patrimoine, de taille moyenne avec près de 1000 collaborateurs et 25 agences à travers la France. Début 2021, nous avons souhaité refondre la structuration et la diffusion de la connaissance et de l'information au sein de l'entreprise. Un benchmark très élargi a placé Microsoft 365 en tête des solutions adéquates.

Il me fallait convaincre nos dirigeants qui gardaient un mauvais souvenir de leurs expériences précédentes avec SharePoint. Je me suis naturellement tourné vers Abalon avec qui j'avais travaillé par le passé pour m'y aider.

Nous avons alors missionné Christophe Coupez pour nous faire découvrir le nouveau visage de SharePoint et toutes ses fonctionnalités. En 5 jours de travail, après quelques ateliers de découverte de notre entreprise, de notre métier et de nos besoins, il a construit un prototype plus vrai que nature et nous a présenté des scénarios associés de collaboration et de partage.

Nous avons pu nous projeter rapidement dans ce que serait notre futur quotidien : un portail unique d'accès à l'information, reposant sur un Hub facilement administrable par les Métiers. La promesse d'une information à jour en temps réel ! L'adhésion a été générale et nous nous sommes donc lancés dans la réalisation concrète de My UFF.

Nous sommes repartis du prototype et avons travaillé en mode agile avec Abalon et les 15 Directions Métier pour coconstruire la cible au fil des ateliers. Nous avons intégré les espaces classiques d'information et d'actualités générales qu'on retrouve dans tout intranet. Mais le plus gros du travail s'est concentré sur la partie métier du Hub, en particulier sur les offres produits.

Auparavant, la documentation était éparpillée, obsolète pour partie et les commerciaux perdaient beaucoup de temps à retrouver l'information. Aujourd'hui tout est centralisé, organisé, à jour et facilement accessible (on parle de plus de 5000 documents !). Cerise sur le gâteau … Abalon nous a ajouté un moteur de "recherche guidée". Depuis la page d'accueil, nos collaborateurs tapent le nom du produit ou de l'offre recherchée, et le moteur renvoie directement le lien vers la bonne page. Ils peuvent également enregistrer le lien vers la page pour y revenir facilement. On ne peut pas faire plus court comme navigation !

Le gain de temps est sans commune mesure et nos collaborateurs y gagnent en tranquillité d'esprit car ils savent qu'ils utilisent forcément les bons documents.

La Communication a également trouvé en My UFF un outil performant pour moderniser et dynamiser la communication interne.

My UFF a suscité un effet waouh et a été accueilli avec enthousiasme à tous les échelons de l'entreprise. C'est une belle réussite collective, l'aboutissement de la forte mobilisation des métiers, et de l'appropriation immédiate par les personnes responsables de l'actualisation de l'information, tout ceci permettant aux utilisateurs d'adopter facilement ces nouveaux usages.

La structure du hub d'entreprise

Chaque spécialiste intranet a sa signature, un peu comme chaque artiste peintre a un style bien à lui. Nous avons toutes et tous une façon d'appréhender le sujet, de l'aborder ou de nommer les choses.

J'ai ma propre manière de structurer mes hubs, avec une constante : faire simple et lisible.

Mes hubs sont constitués d'espaces thématiques, qui se concrétisent par des sites SharePoint, rattachés au site principal par la fonctionnalité de hub SharePoint. Chaque site contient des rubriques qui sont des pages. C'est le seul vocabulaire que j'utilise avec mes clients.

Si aucun hub ne se ressemble, il y a souvent des constantes. Par exemple, il y a toujours un espace qui contient des informations de type « *vie du collaborateur* », avec des explications sur la mutuelle, la prise des congés, les visites médicales, etc. Toutes ces informations qui étaient jusqu'alors perdues dans des sous-sous-sous dossiers d'un anonyme serveur de fichiers.

On peut aussi imaginer des espaces sur le thème des outils de travail (PC, téléphonies, imprimantes, …), sur l'histoire de l'entreprise ou encore sur la cyber sécurité.

Mais surtout, on intégrera forcément des espaces qui exposeront des informations métier de référence, qui feront du hub un outil indispensable et incontournable au quotidien. On peut penser par exemple, aux fiches des produits commercialisés par l'entreprise, comme l'explique Caroline D'Hotelans dans son témoignage pour l'entreprise UFF.

Le site principal, le site d'accueil encore appelé « site hub » sera la porte d'entrée de tout le dispositif. On pourra y agréger des actualités ou faire la promotion de certains contenus. Sur ce sujet, toutes les options sont possibles, ce qui fait que chaque hub est unique.

La méthode d'approche d'un Hub d'entreprise avec SharePoint

SharePoint a encore aujourd'hui une très mauvaise image. Chez Bouygues Telecom, nous nous étions refusés à utiliser cet outil pour faire l'intranet de l'entreprise : nous le jugions inadapté.

Depuis, tout a bien changé. Si vous connaissiez l'ancien SharePoint, oubliez ! Le nouveau SharePoint n'a plus grand-chose à voir même s'il conserve le même socle technologique en arrière-plan, ce qui constitue une réelle prouesse.

SharePoint est devenu aujourd'hui un fabuleux outil pour créer des intranets esthétiques en un temps record. A tel point, qu'il révolutionne l'approche que l'on doit avoir d'un intranet, comme je l'aborde dans le point suivant.

Une chose est sûre : réaliser un intranet aujourd'hui avec le nouveau SharePoint implique d'aborder le projet d'une autre façon que dans le passé. Car aujourd'hui un projet d'intranet dans une PME ou dans une grande entreprise, ce n'est plus un projet informatique.

Voici mes quelques conseils dans l'approche :

Avant toutes choses, découvrez ce qu'est réellement le nouveau SharePoint

Beaucoup de décisions sont prises sans savoir vraiment ce qu'est SharePoint et ce qu'il permet de faire dans sa version la plus native qui soit.

Pour cette raison, je commence généralement mes missions de hub d'entreprise par un séminaire de découverte de SharePoint. L'idée et de mettre tous mes interlocuteurs sur un même niveau de connaissance sur ce sujet.

Je leur parle des principes essentiels de SharePoint, des fonctionnalités que l'outil propose aujourd'hui et qui n'existaient pas il y a encore quelques années. J'évoque par exemple la fonctionnalité d'actualité qui est très bien réalisée dans SharePoint : il y a quelques années encore, seule une fonctionnalité « blog » très moche et peu pratique était l'unique solution de SharePoint pour poster des billets d'actualité.

Je leur montre également la fonctionnalité « événements » qui permet, dans chaque espace du hub, de signaler les prochaines dates à retenir, comme des séminaires d'entreprise ou des Webinaires de formation. On évoque aussi le principe des audiences pour cibler des populations et les grands principes de sécurité ou de maîtrise de la conformité RGPD, la structuration des pages et la diversité des Web parts qui permettent d'intégrer des fonctionnalités dans les pages.

Il est en tout cas primordial que les personnes qui travaillent sur ce projet sachent ce que SharePoint, dans sa forme la plus native possible, permet de faire et en connaissent toutes les opportunités insoupçonnées.

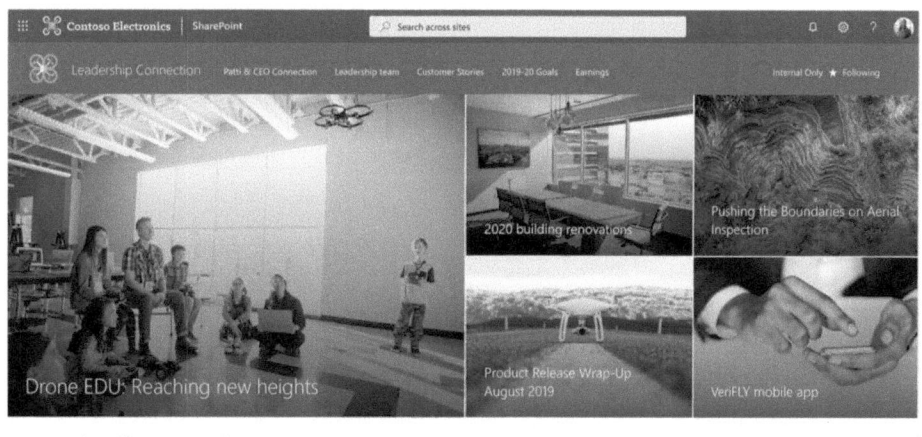

Découvrez des exemples d'intranets avec SharePoint natif sur le site
https://lookbook.microsoft.com/

Ne vous lancez pas dans un cahier des charges ultra détaillé

Bien évidemment, il est important de définir vos objectifs avant de vous lancer dans votre projet. Pour cela, un document retraçant les grandes lignes de vos attentes et des objectifs que vous voulez atteindre est bien utile. Mais n'allez pas trop loin dans la description fonctionnelle si vous ne savez pas encore quel outil vous allez adopter.

Car selon l'outil retenu, les scénarios que vous pourrez mettre en place seront très différents. Un cahier des charges trop détaillé sera très déceptif car l'outil choisi ne permettra pas de réaliser exactement ce que vous avez décrit. Et si vous voulez absolument le respecter quoi que coûte parce que des grands directeurs l'ont validé en l'état, le projet risque d'être ruineux, et l'issue très incertaine.

Lorsque je présente Microsoft 365 et le positionnement du hub d'entreprise au sein de cet environnement, c'est toujours une découverte pour mes interlocuteurs qui n'auraient jamais imaginé de tels scénarios. Mais un cahier des charges très détaillé referme le champ des possibles à ce qui est décrit. Il arrive que des entreprises rejettent ces opportunités qui les ont pourtant séduits, juste parce qu'elles n'apparaissent pas clairement dans leur cahier des charges dûment validé par les plus hautes autorités.

Surtout, un cahier des charges ne permet pas d'avoir une vision réaliste du résultat final. Des descriptions avec des phrases ne remplaceront jamais une expérience « en réel » au travers d'un dispositif fonctionnel. Si vous voulez que les décideurs valident en toute connaissance de cause, ne comptez pas qu'ils lisent en détail un document de plusieurs dizaines de pages mais montrez-leur plutôt le dispositif, concrètement.

Sur ce sujet, je vous invite à lire mon billet « [Votre appel d'offre pour votre intranet SharePoint est-il vraiment adapté](#) », disponible sur mon site digital-inside.fr.

Privilégiez plutôt le prototypage

Pour ma part, j'interviens dans la grande majorité des cas sur des projets sans aucun cahier des charges au préalable. Je réalise plutôt un « prototype opérationnel », c'est-à-dire que je construis directement sur l'environnement de production les différents espaces SharePoint après quelques ateliers d'échange qui me permettent de cerner rapidement les grandes orientations.

Ensuite, il est simple de faire évoluer le prototype pour atteindre les objectifs que nous nous sommes fixés. Nous disposons ainsi d'un environnement réel qu'il est facile de présenter aux décideurs. Lorsque toute la phase de conception est terminée, ce qui a été construit pour le prototype est utilisé pour l'environnement réel. Il n'y a donc aucune perte de temps ni d'énergie.

C'est la démarche qui a été adoptée pour la refonte de l'intranet de France Télévisions. Une phase de prototypage de 10 jours a suffi pour définir et construire le socle de l'intranet, avant de passer à l'intégration du contenu, comme l'explique Laëtitia POLI dans ce témoigne ci-contre.

Laëtitia POLI

Responsable du département supports digitaux à la direction de la communication interne chez France Télévisions

france•tv

La refonte de l'intranet de France Télévisions

Mai 2020, nous étions alors en plein Covid, France Télévisions venait de se doter d'Office 365, ce qui n'était pas du tout prévu, nous devions donc changer notre stratégie « support » et abandonner la refonte de notre intranet qui était en cours.

L'objectif de cette refonte était de moderniser notre intranet en le rendant plus serviciel tout en développant une curation de l'information plus fine. Cette refonte était également la dernière étape de l'harmonisation de tous nos supports de communication. Enfin, nous voulions tendre vers un véritable « digital workplace ».

Au début, la DSI, nous présentait des solutions toutes faites (surcouche) qui s'adossaient à SharePoint online… mais cela ne nous convenait pas. Compliqué, cher, et très impersonnel ! Nous étions un peu perdus. Pas vraiment convaincus par les solutions proposées. Nous ne souhaitions pas recommencer la rédaction interminable de cahier des charges, des ateliers fonctionnels, des rapports de recettage….

Avec Christophe, nous avons découvert la démarche de prototype agile. Après deux ateliers de cadrage ensemble pour identifier les grands espaces de l'intranet et les principales rubriques, nous nous sommes lancés !

Dix jours plus tard, nous disposions un « démonstrateur réel", directement sur l'environnement SharePoint de production. Aucun document fonctionnel ou technique : nous sommes passés directement dans le « concret » en créant ce site « prêt à l'emploi », qui illustrait parfaitement ce que l'on voulait en cible. Une fois ce prototype fabriqué nous avions des arguments tangibles pour convaincre nos sponsors de l'intérêt de la méthode agile et de se lancer sur le SharePoint natif, avec l'aide active de notre directrice, Anne Daroux.

Nous nous sommes laissés à tous un mois pour peaufiner du 15 octobre au 15 novembre 2021, nos sites, nos visuels, nos vidéos… C'était assez confortable en fait. Typiquement aujourd'hui, avec ce SharePoint, on se sent plus maître à bord, on peut tenter des choses, les supprimer… Rien n'est gravé dans le marbre, et avoir le droit à l'erreur, cela permet d'être confiant et audacieux.

Quand tout a été acté et les orientations validées, nous sommes passés à l'intégration des contenus, la formation de la centaine de contributeurs. Et comme le nouveau SharePoint est beaucoup plus simple d'emploi que l'ancienne version, tout s'est bien déroulé et dans des temps très courts pour un tel projet.

Tout le projet s'est fait en bonne intelligence et en parfaite solidarité entre mon équipe et la DSI qui a assuré le suivi du projet mais surtout la constitution de groupes d'utilisateurs pour les « audiences SharePoint » et le développement de quelques Web parts.

témoignage

Soyez agiles !

Un projet de hub d'entreprise avec SharePoint est un projet fondamentalement agile. Facile, avec le nouveau SharePoint, de modifier la structure du hub en ajoutant / en supprimant un nouvel espace. Facile d'ajouter de nouvelles rubriques, de modifier la navigation.

En revanche, ce n'est pas du tout le cas d'un projet informatique traditionnel nécessitant des développements : ces projets nécessitent des spécifications fonctionnelles et techniques et toute modification a un coût financier et un impact en termes de délais.

Mais l'agilité ne veut pas dire faire n'importe quoi. L'agilité n'exclue pas la réflexion.

Impliquez des collaborateurs, *mais pas trop*

Dans certaines entreprises, la crainte d'un rejet du nouvel intranet pousse l'équipe projet à impliquer un grand nombre de collaborateurs au travers d'ateliers de brainstorming ou de design thinking.

Si l'intention est louable, le résultat est rarement probant, pour la principale raison que les orientations qui ressortent de ces ateliers sont parfois très générales. Lu dans une synthèse après quatre mois d'ateliers, en exagérant à peine : « *un intranet simple, complet, évolutif* ». Tout ça pour ça.

Parfois, c'est le contraire : les demandes sont très précises, trop précises. Par avance, on sait que techniquement ces demandes ne sont pas réalisables ou que l'outil retenu ne saura pas y répondre. Mais comme l'esprit de cet exercice est de ne pas se censurer, on note quand même les idées. Dans ce cas, ces ateliers deviennent des usines à déception et les collaborateurs impliqués ne seront pas les meilleurs ambassadeurs de la solution qui a trahi leurs rêves.

L'implication des collaborateurs, et surtout des métiers, est une bonne chose. Mais à mon sens, il faut limiter la population à des personnes bien choisies : celles qui connaissent bien l'entreprise et leur métier, qui sont connues pour être (très) pertinentes et (très) constructives. Et surtout, il faut proposer des orientations concrètes (un prototype) et les faire réagir sur des bases réalistes et réalisables, pour ne pas générer de frustration. Là encore, le prototype est essentiel dans cette démarche.

Concentrez-vous sur les scénarios d'usage

Souvent, les entreprises se focalisent sur des fonctionnalités et des détails, en oubliant l'essentiel : les scénarios d'usage qu'on souhaite proposer aux collaborateurs grâce à ce dispositif.

Un scénario d'usage c'est par exemple s'informer sur tout ce qui concerne la vie du collaborateur : comment va-t-on faire pour que les collaborateurs trouvent les bonnes informations en un clic ou deux, et comment ils seront informés des actualités sur ce sujet ?

Le scénario d'usage c'est aussi de savoir quel sera le positionnement du hub au sein de l'écosystème digital de l'entreprise. Comment va-t-il se positionner par rapport aux autres outils et usages, par exemple les équipes Teams, les communautés Yammer, etc.

Le scénario d'usage, c'est le nerf de la guerre. Et justement, les prototypes permettent d'illustrer et de démontrer ces scénarios de manière probante et de les valider en toute connaissance de cause, avec des démonstrations réelles.

Acceptez de faire simple

Un jour, une entreprise avait refusé la solution SharePoint pour un détail esthétique anodin mais qui était dans un cahier des charges très détaillé qui avait nécessité des mois de travail et de validation à tous les niveaux de l'entreprise.

En conséquence, pour éviter de modifier le cahier des charges et de repartir en validation, un autre outil avait été choisi que SharePoint avec un budget supplémentaire de licences de 80 000 euros chaque année, sans compter les opportunités loupées d'intégration avec tout l'écosystème digital de l'entreprise sous Microsoft 365 (Yammer, Teams, etc).

SharePoint ne vous permettra pas de faire tout ce que vous voulez au pixel près : si c'est votre intention, la meilleure option, c'est le développement spécifique.

Comme tous les outils du marché, SharePoint a d'immenses opportunités mais aussi des contraintes. Sachez accepter ces contraintes et voir toutes les autres opportunités que l'outil propose pour répondre à votre besoin, et au-delà.

Acceptez de faire économique

Véridique : parfois, nos réponses à des appels d'offre sont refusées pour la raison qu'elles sont trop peu chères et donc jugées non crédibles par rapport à d'autres réponses bien plus onéreuses.

La différence tient à notre approche « 100% native » de SharePoint et au fait que nous considérons qu'un projet intranet n'est plus, avec SharePoint, un projet informatique tel qu'on l'entendait il y a quelques années encore.

Alors automatiquement, les coûts chutent. Le prix des licences SharePoint sont intégrés dans le prix des licences Microsoft 365 : aucun surcoût à prévoir. Pas de développement informatique, donc pas de charge pour les spécifications des développements. Pas d'équipes de développeurs à piloter. Pas de charge de « recette informatique ». Pas de charges pour préparer la mise en production ni de « maintenance informatique », puisque tout le dispositif repose sur une solution Cloud gérée par Microsoft. Pas de charge de réalisation de cahier des charges mais juste la réalisation d'un prototype qui, une fois finalisé, devient le socle opérationnel du dispositif déjà tout prêt à l'emploi.

Lorsque nous remplissons les grilles des appels d'offre et que nous laissons plein de cases vides, nous mesurons le trouble que cela va générer chez notre futur client. Mais telle est notre approche.

Une approche en tout cas qui n'a pas fait peur à Julien MENEZ, de la société PMU, qui cherchait au contraire une solution rapide et économique pour refondre l'intranet, comme il nous l'explique dans son témoignage en page suivante.

Julien Menez

Directeur de l'engagement d'entreprise, du jeu responsable et de la communication interne du PMU

témoignage

La refonte de l'intranet de PMU

Fin juin 2020, j'ai rejoint le PMU en tant que Directeur de l'engagement de l'entreprise et de la communication interne.

L'un de mes premiers chantiers était la refonte des canaux de communication de l'entreprise dont l'intranet qui n'avait pas évolué depuis de nombreuses années.

Pour autant, nous ne voulions pas nous lancer dans un projet long et coûteux. Christophe Coupez nous a présenté son approche fondée sur le prototypage et le concept nous a séduits.

Après quelques ateliers d'échange, il a pu construire en seulement 5 jours le socle complet du nouvel intranet en intégrant les espaces et rubriques essentiels pour une première version.

Ensuite, mon équipe a pris le relai pour intégrer tous les contenus après une solide formation à l'outil et aux bonnes pratiques associées.

Pour finir, le nouvel intranet a été mis en ligne dès novembre 2020 ! Une belle réussite collective.

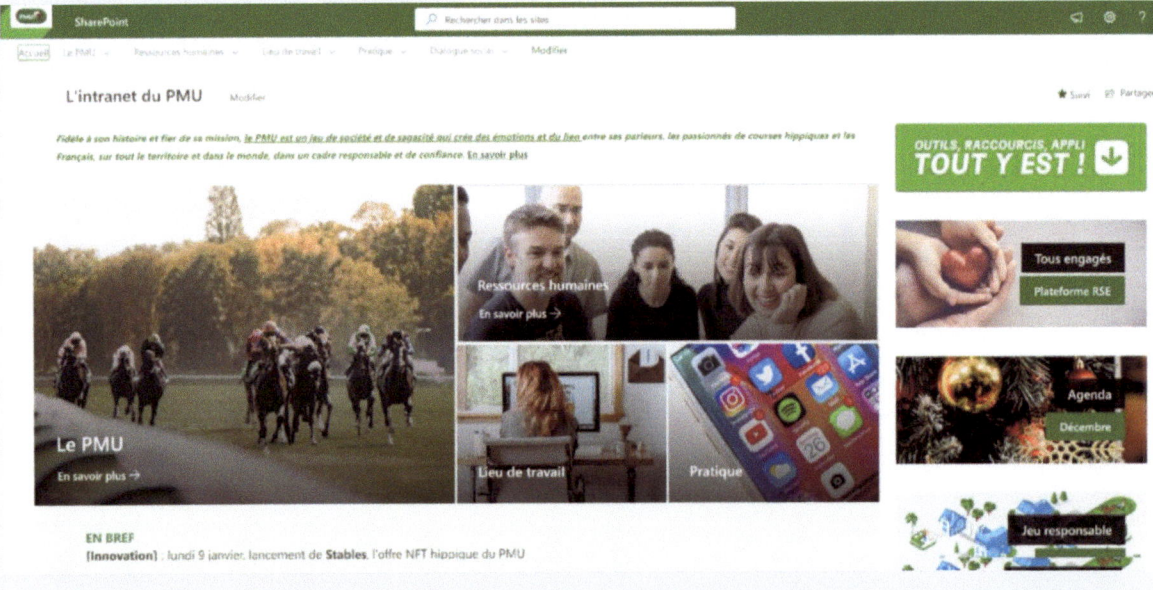

Le rôle de la DSI dans un tel projet

Quand une grande entreprise lance un projet de refonte de son intranet, généralement la DSI se mobilise et déroule un grand plan projet informatique comme elle le fait pour tout grand projet majeur. Sauf qu'avec SharePoint, un projet de Hub d'entreprise n'est plus réellement un projet informatique.

Ce n'est plus un projet d'informaticiens

Réaliser un intranet avec cette nouvelle version de SharePoint, en mode natif uniquement, ne nécessite plus de développement informatique (code). Il n'y a donc plus besoin de développeurs informatiques alors qu'ils étaient encore indispensables il y a quelques années pour espérer réaliser avec SharePoint un intranet qui ressemble à quelque chose.

Puisqu'il n'y a plus de développement informatique, il n'est plus nécessaire de faire des phases de spécifications fonctionnelles et techniques pour décrire aux développeurs ce qu'il faut développer. De même, il n'y a plus de recette informatique comme on le fait habituellement sur de gros projets informatiques. Et pour cause, SharePoint n'a pas besoin d'être testé.

C'est une économie incroyable, car souvent les « recettes informatiques » sont très lourdes : il faut rédiger des cahiers de test, imaginer tous les cas de figure possibles, tester, noter les résultats, etc. Pour un hub d'entreprise réalisé avec SharePoint, je ne parle plus de recette mais simplement de relecture : il s'agit juste vérifier que les liens pointent les bonnes pages et qu'il n'y a pas de fautes d'orthographes.

De même, parce qu'il n'y a plus de code informatique il n'y a plus les fameuses « mises en production » qui consistent habituellement à déposer sur l'environnement de production les développements réalisés, en priant pour que le comportement correct qu'on avait sur l'environnement de préproduction soit le même qu'en production. Ces opérations sont souvent complexes et mobilisent plusieurs acteurs à la DSI qui doivent suivre une procédure de mise en production précise. Vous imaginez bien que c'est du vécu.

Également, parce que l'intranet est sur le cloud, il n'y a plus besoin de faire des tests de charge pour vérifier que les serveurs SharePoint supporteront la charge liée à l'effet de curiosité : Microsoft gère de son côté. SharePoint intègre tout de même des outils pour vérifier le comportement des pages et identifier à l'avance les risques possibles, comme par exemple des images trop lourdes qui pourraient impacter la charge du réseau. Les ouvertures de service du nouvel intranet se font de manière bien plus sereine.

La création des sites qui constituent l'intranet, la création des pages, la navigation, tout cela se fait en quelques clics. Pour preuve, les collègues qui m'aident dans la création des hubs ne sont pas des informaticiens de formation, mais souvent des professionnels de la communication : la révolution est bien là.

Le domaine de responsabilité de la DSI dans ce projet

Le rôle de la DSI est bien entendu essentiel. Même si le dispositif ne nécessite plus de développement, il n'en utilise pas moins une ressource informatique (SharePoint et le Cloud) placé sous la responsabilité de la direction des systèmes d'information. Il ne faut donc pas faire n'importe quoi.

La coordination en bonne intelligence avec les équipes de la DSI est donc indispensable, comme cela avait été le cas chez France Télévisions, comme l'évoque Laetitia Poli dans son témoignage sur mon site.

Parce que l'équipe DSI a des droits d'administration sur l'environnement SharePoint, elle interviendra notamment pour du paramétrage dans la console d'administration. Par exemple, pour créer un nouveau thème graphique, pour déclarer un site SharePoint comme « hub », pour activer Viva Connexion, etc. A chaque fois, ce sont des interventions très simples.

En revanche, l'implication de la DSI sera déterminante dans la constitution de groupes qui désigneront des populations de collaborateurs. Ces groupes seront utilisés pour montrer / cacher des contenus à des populations précises (managers, salariés d'une direction, d'une région en particulier, …). Pour faire en sorte que ces groupes s'auto-alimentent, il faut s'appuyer sur des données qui sont généralement dans l'annuaire de l'entreprise (Active Directory). Mais bien souvent, ces données n'existent pas ou ne sont pas à jour. Les créer, les mettre à jour, c'est un « projet dans le projet » et c'est un sujet que seule la DSI peut porter.

Si de nouvelles « Web parts » SharePoint doivent être développées pour répondre à des besoins spécifiques de l'entreprise, la DSI sera également fortement impliquée, car il s'agit bien ici d'un (petit) projet informatique impliquant des développements.

Mettre à jour le parc informatique

Pour terminer, la DSI a une forte responsabilité dans la mise en conformité du parc informatique pour que le hub fonctionne parfaitement. C'est principalement la mise à niveau des postes de travail avec un navigateur internet à jour, comme Microsoft Edge Chromium par exemple, qui est un très bon navigateur pour Microsoft 365. C'est également la mise à jour du pack bureautique (Word, Excel, PowerPoint, …) avec la version « Microsoft 365 » pour éviter des effets de bord indésirables et profiter de toutes les opportunités comme la coédition par exemple.

C'est aussi la mise à niveau des débits des liaisons Internet entre les différents sites de l'entreprise, pour que toutes les équipes puissent accéder au hub de façon agréable et rapide.

Le Hub au cœur de l'écosystème digital de l'entreprise

Les sujets que nous allons aborder ici sont rarement abordés dans les cahiers des charges des « intranets », pour la simple et bonne raison que ceux qui les écrivent en ont rarement connaissance. Et pourtant, tous ces sujets sont essentiels.

En utilisant SharePoint pour le construire, votre Hub se place au centre de l'entreprise, ou plutôt devrais-je dire, à son entrée. Parce que SharePoint a une place centrale dans l'écosystème Microsoft 365, votre Hub va pouvoir prendre une dimension bien supérieure à ce qu'on attendait jadis d'un simple intranet.

Le hub d'entreprise, pièce centrale de votre stratégie documentaire

Dans l'article « Focus sur la stratégie documentaire » publié sur mon site digital-inside.fr, j'aborde les difficultés des entreprises, qui sont aujourd'hui confrontées à l'anarchie des serveurs de fichiers, aux documents en pièces jointes des mails.

Mais paradoxalement, le déploiement de Microsoft 365 peut augmenter encore plus cette confusion avec une création anarchique de sites SharePoint, d'équipe Teams, sans aucune stratégie ni maîtrise, qui ajoutent de la confusion à la confusion.

Dans mon article, j'explique l'importance de définir une stratégie documentaire et je montre la place centrale du hub d'entreprise dans cette stratégie pour porter les informations, données, documents utiles à toute ou partie de l'entreprise au sein d'espaces thématiques.

J'évoque aussi la puissance de SharePoint pour créer des espaces documentaires sans utiliser les dossiers et sous dossiers pour mieux répondre aux besoins des métiers, comme je l'explique dans la vidéo « arborescence de dossiers ou colonnes SharePoint » publiée sur mon site digital-inside.fr.

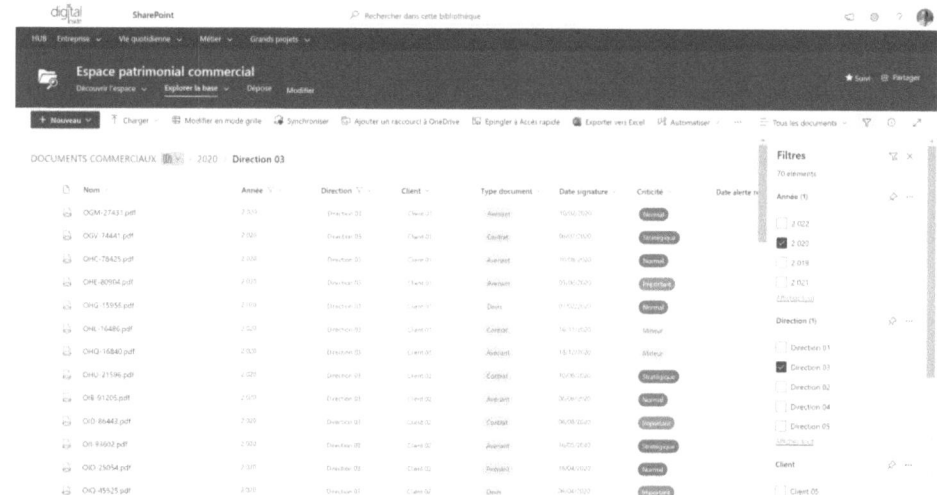

Exemple d'un espace documentaire sans aucun dossier ni sous dossier

Non seulement le hub d'entreprise est une pièce centrale de la stratégie document mais le hub permet de la porter et de rendre cette stratégie lisible et compréhensible.

Le hub d'entreprise et la conformité RGPD

C'est souvent mal connu voire carrément ignoré, mais Microsoft 365 permet de définir une stratégie de conformité RGPD au travers d'étiquettes qui permettent de « tracer » les documents ou données sensibles stockées dans Microsoft 365.

Au-delà de ce traçage, il est possible également de définir des scénarios associés pour rendre impossible par exemple l'envoi de certains documents à l'extérieur de l'entreprise par mail ou par tout autre moyen, ceci afin d'éviter les fuites de données accidentelles ou malveillantes.

La mise en place d'un hub d'entreprise est une bonne occasion de définir une stratégie RGPD qui pourra être utilisée au sein des différents espaces du hub, mais aussi dans tous les dispositifs de l'entreprise (autres sites SharePoint, équipes Teams, OneDrive, etc).

Ainsi, des documents ou informations positionnées dans des espaces du hub pourront être intégrés dans le périmètre des données maîtrisés par la stratégie RGPD et protégés contre les fuites de données pour les documents les plus sensibles. En cas d'audit externe de maîtrise de la conformité, c'est aussi et surtout un gage de sérieux et d'implication.

La sécurité et la confidentialité

Parce que vous utilisez SharePoint pour construire votre hub d'entreprise, il bénéficie de toutes les solutions proposées par Microsoft 365 pour définir des scénarios de sécurité très précis, en termes de droits d'accès et de rôles.

SharePoint vous permet également de définir des « audiences », une notion moins forte que la sécurité, qui permet de cibler des populations lors de la publication d'actualités par exemple. Les audiences permettent de profiler les pages pour montrer aux populations uniquement les informations qui les concernent.

Parce que SharePoint s'appuie sur Microsoft 365, vous pourrez créer des groupes Microsoft 365 qui vous permettront de définir des populations de personnes qui auront accès à certains espaces du Hub. Ces groupes sont utilisés par d'autres outils de Microsoft 365, comme les équipes Teams par exemple.

Le hub d'entreprise et la collaboration avec Yammer et Teams

En utilisant SharePoint pour le hub de votre entreprise, vous pourrez créer des scénarios de collaboration très puissants avec Yammer et Teams, que nous évoquerons plus en détail dans les prochains chapitres.

Vous pourrez par exemple intégrer des murs de discussion Yammer (le réseau social d'entreprise) dans vos pages du hub. De même, vos utilisateurs pourront « consommer » les contenus du hub dans les espaces Teams : nous verrons des exemples.

Ces interactions entre SharePoint, Yammer et Teams permettent de donner au hub cette dimension supplémentaire qui contribue à la « mise en mouvement de l'entreprise », comme je l'évoquais au début de ce livre.

Interaction avec les outils de Microsoft 365

Comme je l'évoquais, choisir SharePoint pour créer le hub d'entreprise, c'est bénéficier d'opportunités intéressantes d'interactions avec d'autres outils de Microsoft 365.

Par exemple, comme nous l'évoquerons dans un prochain paragraphe, l'outil Power Automate permettra de créer des automatismes dans le hub, comme des demandes de validation, des notifications intelligentes, des actions déclenchées par des événements (la publication d'une nouvelle actualité, etc).

Il est également facile d'intégrer un formulaire d'enquête Microsoft Forms dans une page SharePoint ou une application Power Apps.

Il est aussi particulièrement intéressant d'intégrer des tableaux de bord Power BI dans des pages SharePoint, pour créer par exemple des espaces reporting dans le hub.

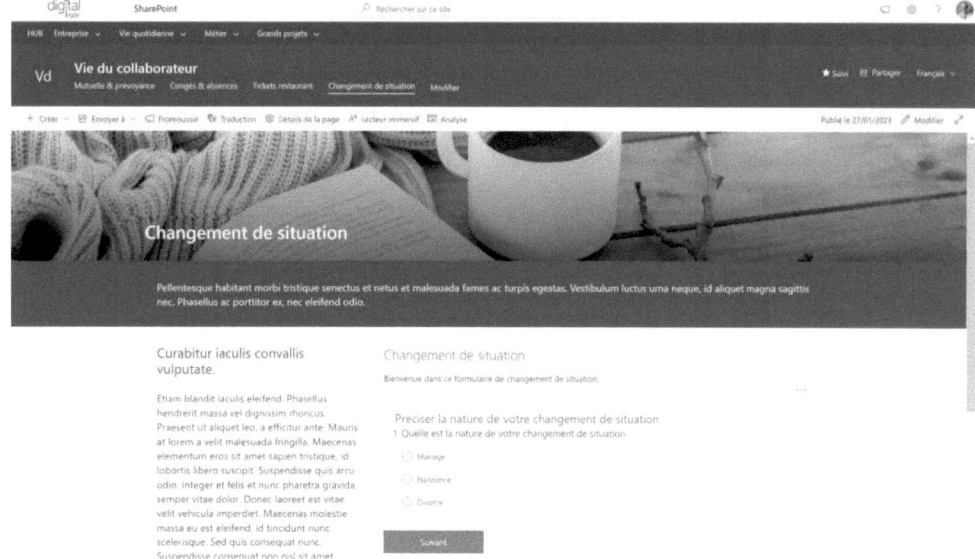

Intégration (ici à droite) d'un formulaire Forms dans une page SharePoint d'un espace du Hub

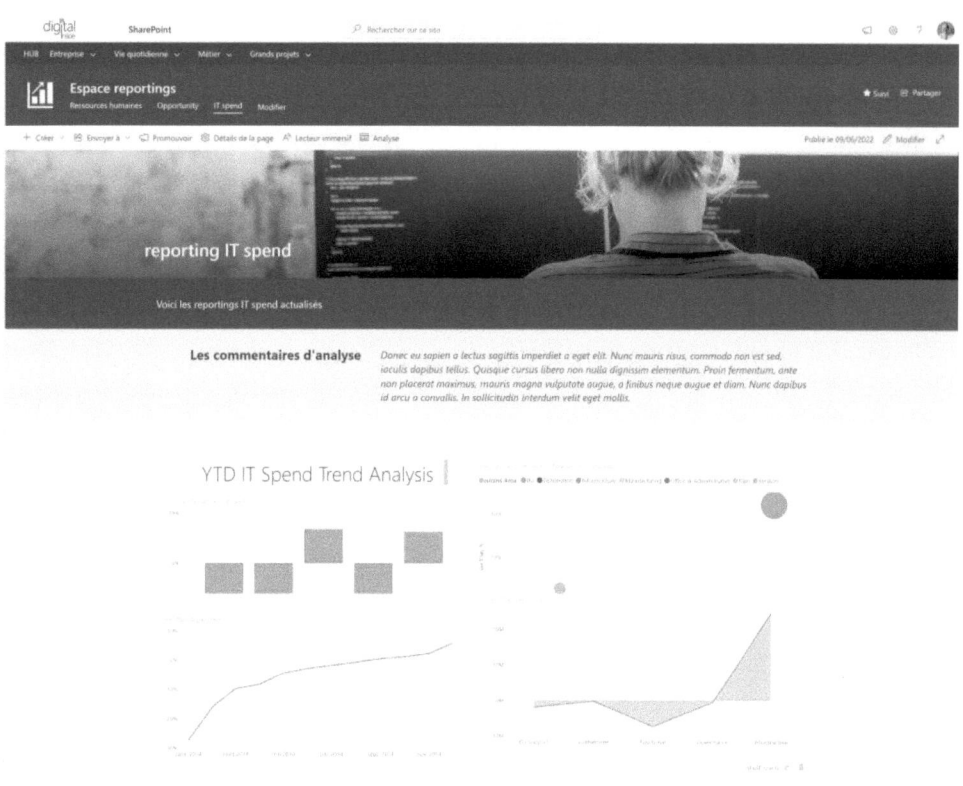

*Intégration de tableaux de bord Power BI dans des pages SharePoint,
dans un espace du hub d'entreprise dédié aux reportings*

Un hub accessible depuis n'importe quel autre site SharePoint

Selon la manière dont a été paramétré le hub d'entreprise, il sera accessible depuis n'importe quel autre site SharePoint au travers de son menu de navigation global, comme on peut le voir dans l'image ci-dessous, contribuant à placer le hub au centre de l'entreprise.

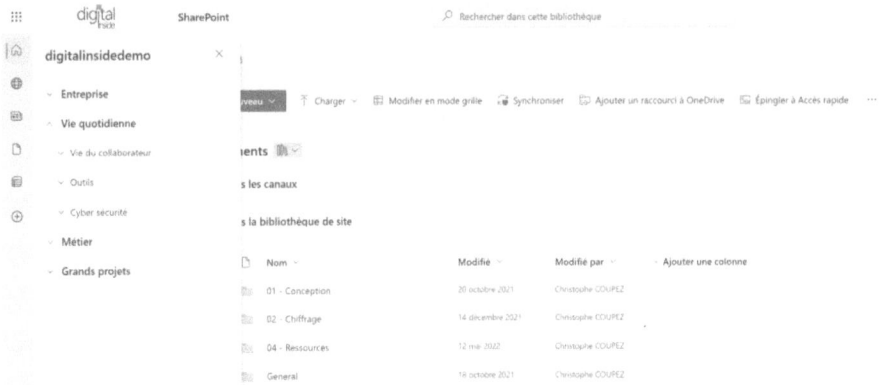

Depuis n'importe quel site SharePoint, la navigation globale à gauche permet d'accéder à des espaces du hub d'entreprise

L'intégration dans les pages du Hub de données issues d'applications métier

Avec SharePoint, il est possible de développer de nouvelles « Web parts » (des Widgets SharePoint) qui pourront être déployées dans les espaces du hub mais aussi potentiellement dans tout autre site SharePoint de l'entreprise.

Il est ainsi possible par exemple, de développer des Web parts qui vont afficher des données provenant d'une application métier tierce, à la condition que cette application propose des solutions d'interrogation (APIs).

Positionnées dans des pages du hub, on peut alors imaginer proposer aux collaborateurs des pages de synthèses de données issues d'applications métier tierces, avec des fonctionnalités basiques associées.

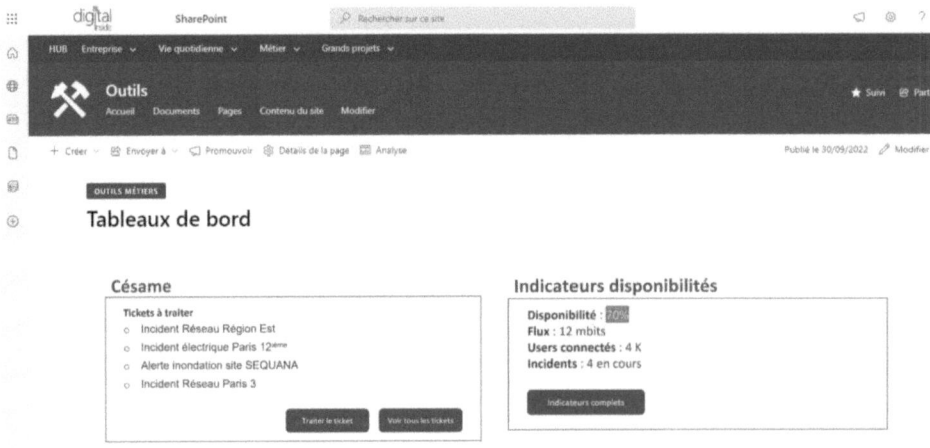

Illustration factice d'intégration de Web parts spécifiques intégrant des données métiers

Esthétisme et images

Parmi les progrès réalisés par SharePoint avec la « moderne expérience », il y a l'esthétisme.

Avec les anciennes versions de SharePoint la maîtrise de la feuille de style (CSS) de SharePoint était nécessaire pour voir des pages correctes. Ceux qui ont connu cette grande époque se souviennent du code Javascript inséré dans des Web part éditeur de code pour « surcharger » la feuille de style et corriger les délires de mise en page de SharePoint (exemple, des Web parts « collées » les unes autres, etc).

Une époque heureusement aujourd'hui révolue. Aujourd'hui, un site SharePoint peut être esthétique sans écrire une ligne de code. Vous pouvez voir des exemples de sites dans le site https://lookbook.microsoft.com dont j'ai déjà parlé.

Tous les sites que vous pourrez y découvrir sont réalisés uniquement avec SharePoint 100% natif, sans autre outil ni ligne de code. Simplement en utilisant intelligemment et avec goût toutes les fonctionnalités et possibilités de l'outil.

Pour autant, cela ne suffit pas toujours à certaines entreprises, qui souhaitent souvent une mise en forme très personnalisée, pour ne pas dire artistique. Ils soumettent alors leur projet aux Web designers internes, qui n'ont aucune idée de ce qu'est SharePoint et des limites à respecter. Ces derniers donnent alors libre court à leur créativité avant de s'apercevoir, complètement dépités, qu'on ne pourra pas intégrer leur œuvre dans SharePoint.

En mode « natif », le look d'un hub d'entreprise avec SharePoint dépend sur quelques éléments clés :

- **La palette graphique encore appelée « thème SharePoint »** qui repose principalement sur une ou deux couleurs principales : ce thème permet de donner à votre hub des couleurs propres à votre entreprise, au lieu de devoir choisir entre celles proposées par défaut par SharePoint. Ces couleurs d'entreprise donnent une image « Corporate » à vos espaces. Mais encore une fois, la palette est très limitée.

- **La forme de l'entête de vos sites SharePoint :** si vous connaissez un peu SharePoint, vous verrez que vous pouvez choisir entre différentes formes d'entête de site, avec ou sans couleur d'arrière-plan. Selon ce que vous choisirez et selon l'aspect du bandeau Microsoft 365, le rendu sera différent.

- **L'aspect du bandeau Microsoft 365** : on l'oublie toujours ! Le bandeau Microsoft 365, c'est ce bandeau supérieur que l'on retrouve en haut de tous les outils Microsoft 365 (sauf Teams). Ce bandeau a un impact direct sur le look du hub. Si vous le laissez dans sa couleur bleu d'origine, il risque de jurer avec la palette que vous aurez choisie.
- **La structuration des pages** : les pages SharePoint sont structurées par « sections », qui contiennent elles-mêmes des « Web parts ». Si tout cela ne vous dit rien, une formation à SharePoint s'impose car ce sont les bases de l'outil. En tout cas, l'art et la manière de construire les pages conditionne leur look, par exemple en alternant des sections de différentes couleurs.
- **La qualité des images** : les pages SharePoint exploitent énormément les images. Il y a en a dans les entêtes de page, les vignettes des « liens rapides », dans les pages elles-mêmes, etc. La qualité des images que vous allez utiliser va conditionner le look final. Evitez les images de très basse définition (mais également les images très haute définition ayant un poids inadapté à un usage Web).
- **La pertinence des images** : choisissez des images pertinentes dans votre contexte. Lorsque je construis un prototype, le choix des images représente 30% à 40% du temps de construction. L'idéal est de disposer d'une banque de photos internes que l'on pourra intégrer à SharePoint, à condition que ces images soient correctement dimensionnées pour cet usage.

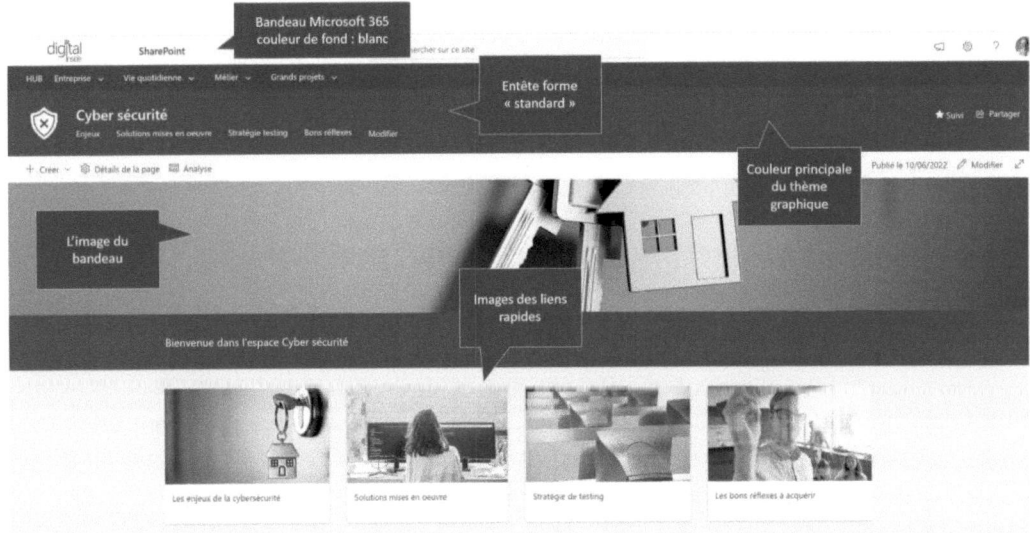

Principaux éléments graphiques dans une SharePoint

En conclusion, même si SharePoint natif a des limites en termes de mise en forme esthétique, le site https://lookbook.microsoft.com prouve tout de même qu'il est possible de faire des sites esthétiques si on respecte les bonnes pratiques et si les personnes qui en ont la charge ont un minimum l'œil graphique.

La page d'accueil du hub

C'est souvent ce que mes clients me demandent en premier : ils veulent voir tout de suite à quoi va ressembler la page d'accueil de leur hub d'entreprise, cette fameuse porte d'entrée.

Comme je me plais à le dire, avant de faire la vitrine d'un magasin, il faut d'abord savoir ce qu'on va y vendre. Ensuite seulement, nous saurons quels éléments du magasin nous voudrons mettre en bonne visibilité dans la vitrine. C'est pour cette raison que c'est à la fin généralement que je m'attaque à la construction de cette fameuse page d'accueil.

Il n'y a pas d'exemple type : généralement, elles sont chaque fois différentes, selon l'entreprise. L'objectif de la page d'accueil en revanche est toujours le même : mettre en bonne visibilité les informations importantes et/ou les accès pour les outils essentiels et agréger les actualités & événements qui proviennent des différents espaces.

Pour cela, SharePoint dispose de fonctionnalités très pratiques au travers des Web parts de toutes sortes qui permettent de gérer les actualités, d'intégrer les événements et d'intégrer visuellement les posts du réseau social d'entreprise.

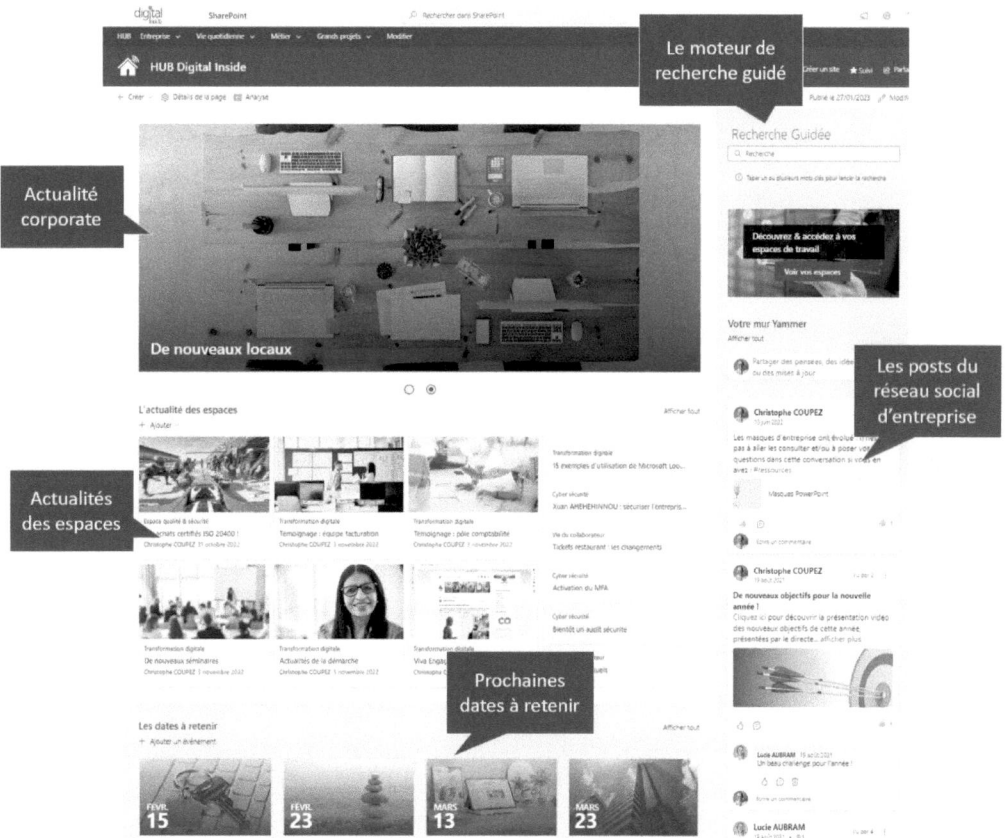

Exemple d'une page d'accueil d'un hub factice

La navigation dans le hub

Un hub d'entreprise est un ensemble de différents dispositifs thématiques que j'appelle « espaces » (des sites SharePoint) regroupés par « domaine ». Ces espaces sont composés de « rubriques » (des pages), mettant en valeur des contenus (des textes, images, vidéos ou documents). C'est mon vocabulaire et ma propre façon de structurer : vous en avez certainement un autre.

Un hub d'entreprise peut être riche en contenu et proposer de nombreux espaces. Pour découvrir et trouver les bons espaces, il faut mettre à disposition des collaborateurs un menu de navigation efficace et lisible qui permettra aux utilisateurs de trouver rapidement le bon espace dont ils ont besoin.

SharePoint propose deux types de menu de navigation pour les sites SharePoint. C'est par exemple le menu « en cascade » que tout le monde connaît, avec un menu déroulant traditionnel. Il propose un autre menu que j'apprécie particulièrement : c'est le « méga menu ».

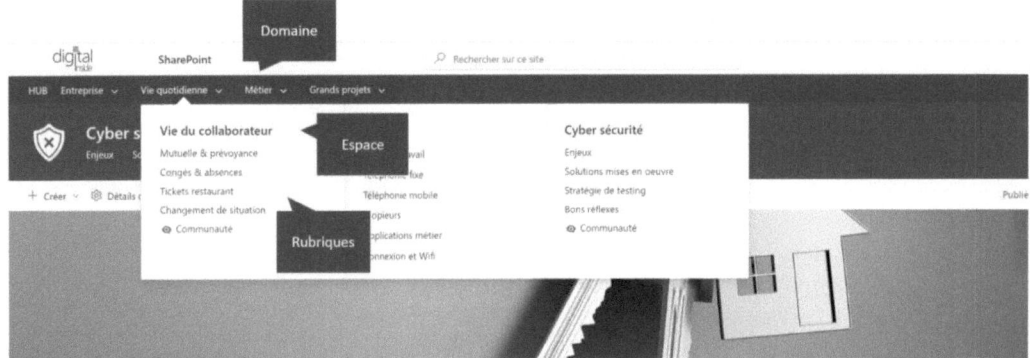

Exemple d'un « méga menu » sur un menu « hub »

Ce méga menu est particulièrement adapté pour une navigation sur trois niveaux de profondeur : un domaine général (une thématique de regroupement), l'espace et les rubriques de l'espace. Il est particulièrement utilisé sur le menu du hub SharePoint, c'est-à-dire le menu que l'on retrouve en haut de tous les sites SharePoint rattachés au hub.

Ce méga menu permet d'offrir à l'utilisateur une vision globale et aérienne de tout le contenu du hub d'entreprise. Simplement en survolant les titres des domaines, on voit apparaître les noms des espaces et les libellés des rubriques que ces espaces proposent. Il est ainsi possible d'avoir une sorte de cartographie complète des contenus, et de passer d'une rubrique à une autre directement, sans navigation intermédiaire.

Bien entendu, SharePoint permet de montrer ou de cacher certaines entrées de ces menus selon l'appartenance de l'utilisateur à des groupes, en utilisant les « audiences » dont nous avons parlées dans les paragraphes précédents de ce chapitre.

La recherche

La recherche est complémentaire de la navigation. C'est une fonctionnalité du hub d'entreprise qui doit permettre à l'utilisateur de trouver ce qu'il cherche, simplement en tapant un mot clé.

Encore faut-il avoir une idée claire de que les collaborateurs recherchent généralement : des contenus ou … des contenants ?

- **Les contenus**, ce sont les informations, pages, documents stockés dans tout Microsoft 365 (OneDrive, tout site SharePoint auquel l'utilisateur a accès, les équipes Teams et leurs sites SharePoint associés et/ou dans le hub d'entreprise). Potentiellement un hub d'entreprise peut contenir des dizaines de milliers de contenus.
- **Les contenants**, ce sont les dispositifs, outils, espaces ou rubriques du hub d'entreprise ou même des sites intranet ou internet qui contiennent le *contenu* recherché. Par exemple, si je recherche « facture », je ne souhaite pas trouver les milliers de documents qui contiennent le mot « facture », mais je souhaite simplement trouver l'espace dans le hub qui centralise toutes les factures (site SharePoint ou ERP). Il y a bien souvent moins d'une centaine de *contenants* importants.

Pour rechercher des contenus, parce que SharePoint est un outil de Microsoft 365, l'utilisateur pourra utiliser le moteur de recherche de Microsoft 365 qui permet de rechercher par mot clé sur tous les *contenus* Microsoft 365 pour lesquels vous disposez de droits d'accès : vos documents OneDrive, les sites SharePoint, les équipes Teams (et leurs sites SharePoint associés), etc.

La recherche se fait sur le principe de l'entonnoir. Depuis www.microsoft365.com, la recherche se fait sur tous les contenus stockés dans Microsoft auxquels vous avez accès. Depuis la page d'accueil d'un site SharePoint, elle se limite aux contenus de ce site. Depuis une liste documentaire d'un site, elle se limite à cette liste.

Pour autant, cette recherche a un défaut : elle peut potentiellement renvoyer des milliers de réponses. Ainsi, si l'utilisateur recherche le mot « mutuelle », ce n'est pas pour avoir en réponses la centaine de documents qui contiennent le mot « mutuelle », mais uniquement le *contenant* qui traite du sujet de la mutuelle.

Pour rechercher des contenants, j'utilise lors de mes missions une Web part spécialisée appelée « recherche guidée », développée par Abalon et qui permet rendre accessibles des *contenants* importants via un simple mot clé.

Dans cet exemple, la recherche du mot « mutuelle » donne un seul résultat : un lien vers la rubrique mutuelle de l'espace « vie du collaborateur »

L'objectif ici n'est donc pas d'avoir des centaines de résultats lors d'une recherche, mais bien au contraire, de n'en avoir seulement qu'un ou deux au grand maximum.

Et si aucun résultat n'est trouvé, l'utilisateur peut faire une demande via un formulaire Microsoft Forms pour que le mot recherché soit intégré dans le périmètre de la recherche guidée, dans le cadre de l'amélioration continue.

Cette recherche guidée est fondamentale dans le scénario d'usage du hub d'entreprise : j'insiste toujours beaucoup pour l'intégrer dans les hubs que je réalise. Elle permet réellement de « prendre par la main » le collaborateur pour l'amener très exactement là où on souhaite le guider pour les sujets les plus importants. A charge du responsable du hub de faire en sorte que les *contenants* proposés en réponse correspondent au contexte actuel de l'entreprise.

Le multilinguisme

Beaucoup d'entreprises sont multinationales. A ce titre, elles souhaitent que les collaborateurs de chaque nationalité puissent consulter les informations du hub dans leur langue nationale : c'est ce qu'on appelle le multilinguisme.

SharePoint, dans sa version native, permet d'activer le multilinguisme et de proposer un même site SharePoint en plusieurs langues. Une fois cette fonctionnalité activée, les pages sont dupliquées et rangées dans des dossiers correspondant à chaque langue. Sur les pages elles-mêmes, un menu permet d'afficher la page dans une des langues disponibles. Par défaut, SharePoint s'appuiera sur la langue du navigateur pour proposer la page dans la bonne langue.

Ainsi, dans l'absolu, SharePoint permet de répondre à ce besoin, formidable. Mais dans les faits, ce n'est pas si simple et ce n'est pas forcément la faute de SharePoint.

Dans sa version native, à l'heure où ce livre est écrit, SharePoint ne propose pas encore de traduction automatique des pages. Avec l'acquisition de OpenAI par Microsoft, gageons que ça ne saurait tarder. A la place, SharePoint propose d'indiquer pour chaque langue une personne qui aura la charge de la traduction (manuelle) de chaque page ajoutée ou modifiée.

Certes, des solutions tierces (payantes) de traduction automatique sont proposées par des éditeurs, mais les résultats ne sont pas forcément garantis. Et pour certaines publications, sur certains sujets (en particulier ressources humaines), les erreurs ou approximations de traduction de l'automate peuvent être lourdes de conséquences.

Mais surtout, la difficulté posée par le multilinguisme ne se résume pas forcément uniquement à la traduction d'une langue dans une autre. Bien souvent, un même message n'a pas forcément la même teneur selon le pays au sein d'un même groupe. Dans certains cas, les choses doivent se dire différemment ou pas du tout. Dans un tel cas, la traduction automatique n'est pas d'une grande utilité. Même, elle peut être un sacré piège.

Pour résumer, si le multilinguisme est souvent indispensable pour certaines entreprises, il n'en reste pas moins que c'est une complication en termes de gestion et de suivi des pages, même si SharePoint permet de gérer autant de langues que l'on souhaite.

Vous l'aurez compris, la limite n'est pas l'outil mais l'humain : c'est une charge supplémentaire de travail non négligeable. Ainsi, si certains clients découvrant la fonctionnalité projettent de décliner l'intranet en dix langues (puisque l'outil le permet facilement) , ils se ravisent rapidement et se limitent au français et à l'anglais face à la charge de travail.

Une chose est sûre : si vous utilisez le multilinguisme, mieux vaut avoir une gouvernance solide et une supervision efficace pour garder une maîtrise complète de vos pages.

L'intranet mobile

Près de vingt ans après le premier intranet mobile (sur téléphone à clapet) de Bouygues Telecom, il est toujours extrêmement rare de rencontrer des entreprises qui proposent à leurs collaborateurs un intranet accessible depuis un Smartphone.

Pourtant, avec SharePoint, le hub d'entreprise est immédiatement disponible sur Smartphone ou tablette sans aucun développement informatique et deux manières différentes :

- *Soit avec l'application mobile SharePoint*
- *Soit avec l'application mobile Teams grâce à Viva Connexion qui permet d'intégrer le hub d'entreprise au sein de Teams, comme nous le verrons dans la suite de ce document*

Certes il n'est pas possible de modifier le comportement de votre hub dans sa version mobile, ce qui serait parfois bien utile. Mais c'est tout à fait correct quand on pense qu'aucun développement ni aucune opération technique n'est nécessaire pour atteindre ce résultat. Le rapport qualité / prix est imbattable.

Cette version mobile sera fort utile pour vos collaborateurs en déplacement pour accéder à des informations ou documents, ou pour les salariés ne disposant pas d'ordinateurs.

Accessibilité, inclusion & diversité

Voici deux sujets qu'il ne faut plus prendre aujourd'hui à la légère et qu'il faut garder à l'esprit lorsque vous vous lancez dans la réalisation d'un hub d'entreprise.

L'accessibilité

On parle d'accessibilité pour évoquer la capacité d'un dispositif intranet à être utilisé par des personnes en situation d'handicap. Cela peut être des handicaps physiques, moteurs, visuels, auditifs, etc.

C'est un vrai sujet, qui a été longuement ignoré jusqu'ici et qui devient à juste titre des sujets prioritaires dans les cahiers des charges. Des normes existent, et « pour faire simple » certaines entreprises réclament que leur futur intranet les respecte toutes à la lettre : ce qui est proprement impossible dans l'absolu tant ces normes sont complexes et contraignantes.

A défaut, beaucoup de mes clients m'interrogent souvent sur les modalités d'accessibilité de SharePoint. J'ai pu faire pour eux un support qui résume tout ce que SharePoint offre dans ce domaine. Je vous le résume ici en trois points principaux :

- Des contrôles de contraste des couleurs (charte graphique) avec un outil « WebAIM constrat checker »,

- Une fonctionnalité « Lecteur immersif » sur toutes les pages qui affichent avec une fonte plus large les textes des pages SharePoint et qui propose également une possibilité de lecture des textes de la page avec une voix de synthèse,

- La possibilité de décrire chaque image intégrée dans des pages, mais aussi chaque « lien rapide » (une Web part) pour que ces descriptions soient lues à haute voix par le « lecteur immersif »

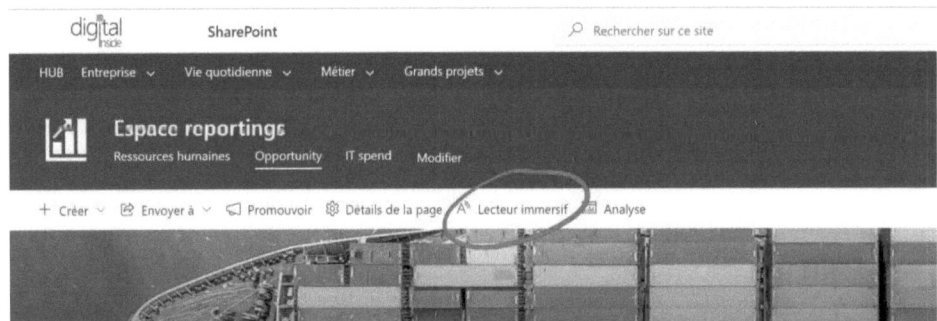

La lecture immersive avec la voix de synthèse est déjà une belle avancée pour aider à minimum les personnes en situation d'handicap visuel. Mais pour que ce dispositif soit réellement efficace il faut que toutes les images et « liens rapides » soient décrits avec un texte compréhensible.

Cela implique donc de définir en interne une norme descriptive des images de façon qu'il y ait une uniformité dans la description pour faciliter la compréhension. Et puis, il faut s'astreindre à mettre ces descriptions partout dans l'intranet / hub d'entreprise.

Exemple de description d'image : « *Cette image représente un homme assis devant son clavier* » ou encore « *ce lien permet d'ouvrir une page qui décrit les règles à respecter* ».

Cela implique surtout de créer des pages très simples en termes de construction pour que la personne mal voyante puisse s'y retrouver à la seule description vocale, ou simplement par la vue des pages. En effet si la structure de la page est trop compliquée la lecture des contenus par la voix synthétique peut s'avérer compliquée. Bref, tout cela se prépare, rien n'est anodin.

Vous l'avez compris, SharePoint pas plus qu'un autre outil ne propose une solution automatique et miraculeuse. Il y a forcément du travail et de la réflexion pour un résultat correct qui dépasse la simple incantation. Et malheureusement, face à ces contraintes et à cette charge de travail non négligeable, les bonnes intentions du départ ne font souvent pas long feu.

L'inclusion & la diversité

Inclusion et diversité sont également des sujets d'actualité dans les entreprises. Dans le cadre d'un intranet ou d'un hub d'entreprise, l'objectif est que tous les collaborateurs puissent s'y reconnaître quelles que soit leurs origines, leurs particularités physiques, leur handicap ou toute autre différence.

Une image de la banque d'image intégrée dans Microsoft 365 et les outils bureautiques

Pour comprendre le sujet et sa difficulté, voici une anecdote réelle que j'ai récemment vécue : je devais créer un hub d'entreprise pour une société de taille moyenne. Je venais de terminer une toute première version complètement finalisée et illustrée. J'ai présenté mon travail à mes interlocuteurs lors d'un atelier de restitution. Sur le fond, tout leur convenait sauf un point : les images que j'avais choisies ne représentaient pas assez selon eux la diversité au sein de l'entreprise.

Les images que j'avais choisies dans la banque d'images de SharePoint montraient trop de personnes « de type caucasien », trop de personnes jeunes, trop de bellâtres sveltes, pas assez de représentation de la diversité des origines, pas de personnes en situation de handicap. Bref, je devais revoir ma copie.

Comme pour l'accessibilité, l'intention est belle et louable et je ne peux qu'applaudir. Mais la mise en œuvre est problématique sur deux points. Tout d'abord, comment définit-on des « images représentatives de la diversité de l'entreprise » ? Ensuite, où trouver des photos qui remplissent ces critères ? Dans le cas présent, je ne disposais que de la banque d'images gratuites de Microsoft, qui s'améliore tout de même sur ce point.

Finalement ma recommandation a été de faire appel à un photographe professionnel qui viendrait prendre des photos in situ de ces fameux collaborateurs représentant la diversité de l'entreprise.

Bref, on a gardé mes images.

Une construction pragmatique et une évolution régulière

Créer un nouvel espace vide (site SharePoint) correctement structuré et paramétré, pour une personne expérimentée, c'est maximum une heure de travail en prenant son temps.

Pour cette raison, l'utilisation de SharePoint dans sa forme la plus native en utilisant le Hub pour en structurer les espaces permet une construction agile et pragmatique, espace par espace.

Une approche pragmatique

La bonne approche est d'identifier les espaces les plus simples et les plus rapides à réaliser. Ce sont très souvent les espaces qui exposent des informations sur la vie du collaborateur comme les explications sur la mutuelle, les règles de prise de congés, etc. Ou encore les espaces dédiés aux outils de travail avec les tutoriels et autres explications.

En se concentrant sur ces premiers espaces, il est possible de mettre rapidement en ligne la première version du hub d'entreprise. La charge de construction du « socle » (c'est-à-dire la création des espaces vierges qui vont porter les contenus) est presque négligeable car la difficulté n'est pas là. Et si la réalisation a été précédée par une phase de prototypage comme je le recommande, le socle est déjà construit.

L'intégration des contenus

La difficulté se situe plus dans l'intégration des contenus dans ce socle.

Ce n'est pas l'opération de création des pages qui est complexe car SharePoint est aujourd'hui simple d'usage. Ce qui prend du temps, c'est plutôt la récupération de la connaissance auprès des équipes de l'entreprise.

En effet, très souvent, si l'entreprise affiche une volonté sincère de disposer d'un hub d'entreprise, les équipes internes n'ont de temps d'y travailler. Le souci, c'est que ni moi ni mes collègues d'Abalon ne pouvons décider quoi dire ni quels documents mettre dans ces espaces. La mobilisation de quelques collaborateurs internes est juste indispensable.

Une fois que les premiers espaces auront été mis en ligne et que les collaborateurs auront découvert le dispositif, vous pourrez ajouter progressivement les espaces suivants, et en particulier les espaces métier.

Les espaces métier

Ces espaces prennent plus de temps à construire car ils nécessitent souvent plus de concertation et de réflexion. C'est normal car de leur bonne structuration va dépendre l'efficacité des collaborateurs.

Un exemple d'espace métier dans une entreprise commerciale, c'est l'espace qui permettra aux chargés de clientèle de trouver à coup sûr la bonne information (à jour) sur n'importe quel produit commercialisé par l'entreprise. C'est typiquement le hub My UFF dont nous a parlé Caroline D'Hotelans en page 59 et dans son témoignage sur le site Abalon.fr (avec une vidéo montrant le hub).

Un dispositif qui n'a pas vraiment de fin

Ce qu'il faut également comprendre, c'est qu'un projet de hub d'entreprise n'a pas vraiment de fin. C'est un projet qui va d'étape en étape et qui évolue au fil du temps. Un espace du hub sera peut-être amené à être réinventé si les processus ont changé, un autre disparaîtra éventuellement, un autre sera peut-être ajouté pour porter une nouvelle activité dans l'entreprise.

En fait, le hub doit constamment refléter l'entreprise au travers de son organisation et de ses processus. Lorsque ce n'est plus le cas, parce qu'on n'a plus de temps pour s'en occuper ou qu'on n'estime que ce n'est pas nécessaire, le hub d'entreprise perd progressivement sa place centrale et les collaborateurs commencent alors à se constituer un référentiel à jour avec des moyens de fortune, à côté du hub.

Ce que je constate c'est qu'après le grand jour de la mise en ligne officielle, tout le monde passe à autre chose et on attend la prochaine refonte, cinq ou six ans plus tard, parfois dix ans. Alors qu'en réalité, le jour de mise en ligne d'un projet de Hub est plutôt le commencement de son cycle de vie.

Vos utilisateurs, principaux acteurs de l'amélioration continue

« *La critique est aisée mais l'art est difficile* » : une chose est sûre, les collaborateurs d'une entreprise ne se privent jamais de critiquer leur « intranet ». Et pour être très franc, c'est souvent très justifié.

La mise en place d'un hub d'entreprise doit être l'occasion de changer les postures et de faire des utilisateurs les principaux acteurs de l'évolution continue. Après tout, c'est pour eux que ce dispositif a été construit et ils sont les mieux placés pour en parler : écoutons-les !

Dans tous les hubs que je construis, quand mon client est d'accord, j'intègre sur la page d'accueil une vignette bien visible qui invite les collaborateurs à s'exprimer. En cliquant sur cette vignette, les utilisateurs accèdent à une enquête Microsoft Forms qui propose différents champs leur permettant d'expliquer la nature de leur contribution : avis (négatif mais aussi positif – ça fait toujours plaisir), problème rencontré, suggestion, …

Ce dispositif nécessite de changer les postures.

Du côté utilisateur, il ne s'agit plus de pester de façon stérile (« c'est nul ») mais d'expliquer ce qui manque ou ce qui bloque de manière à apporter une solution et à améliorer le dispositif. Plus qu'un changement de posture, c'est un changement de mentalité.

Du côté de l'équipe en charge du hub, il s'agit de prendre en compte les critiques, de les accepter et de les traiter dans les meilleurs délais. Avec Power Automate, on peut mettre en place un traitement qui alerte l'équipe de toute nouvelle contribution en écrivant un message dans un canal Teams, ce qui permet à l'équipe d'échanger dans la conversation. Je donne un exemple en page 137 de ce livre.

Sur le papier, tout est très simple. Dans les faits, cela demande tout de même de la volonté et de la rigueur. Une chose est certaine : si les contributions ne sont pas traitées en temps et en heure, c'est catastrophique pour l'image du hub d'entreprise.

Les apports de la Power Platform pour le Hub d'entreprise

Comme nous l'avons évoqué dans un chapitre précédent, la Power Platform est une collection de plusieurs outils qui permettent de digitaliser des processus au travers de traitements ou d'applications informatiques sans codage (ou presque). Les gains sont immédiats : des réalisations rapides, peu chères, fiables et agiles.

A priori, ce sont des outils d'informaticiens et les directions de la communication interne ne se sentent pas concernées. A tort, comme nous allons le découvrir maintenant pour quatre des cinq outils de la Power Platform.

Power Automate, les traitements automatisés

Power Automate est un outil qui permet de réaliser des tâches, déclenchées par des actions et/ou des événements particuliers.

Par exemple, la publication d'une actualité dans hub d'entreprise peut déclencher le dépôt d'un message automatique dans une équipe Teams, comme l'évoque Marie-Eve Dhuicque dans le témoignage que vous trouverez dans la page ci-contre.

On peut imaginer également le déclenchement de notifications ciblées ou de demande de validations de contenus ou toute autre chose. Le champ des possibles est immense.

Power Apps, la réalisation d'applications

Power Apps est « *un outil qui permet de réaliser des outils* ». Autrement dit, avec Power Apps il est possible de réaliser des applications informatiques utilisables sur un PC ou sur un Smartphone ou tablette.

Quel rapport avec le hub d'entreprise ? En fait, dans certains cas, le hub d'entreprise (l'intranet) « porte » les processus d'entreprise les plus courants, par exemple ceux destinés à la vie du collaborateur. On peut penser par exemple à la déclaration des notes de frais, à la demande de services ou à la déclaration d'un changement de situation personnelle.

Grâce à Power Apps, ces solutions peuvent être réalisées de façon rapide et peu coûteuse. Elles peuvent s'intégrer directement dans le hub, soit par lien soit au sein même d'une page SharePoint, ce qui permet d'ajouter encore plus de valeur au hub de l'entreprise.

Evidemment, ce n'est pas la direction de la communication interne qui prendra en charge la réalisation de ces solutions : c'est à chaque métier de s'en charger. Mais avec Power Apps et SharePoint, la direction de la communication interne a désormais les moyens d'accueillir ces processus et de les exposer facilement à toute l'entreprise.

Marie Eve Dhuicque

Directrice administrative de la CAVP

témoignage

Publication assistée dans Teams

La CAVP est la Caisse d'Assurance Vieillesse des Pharmaciens libéraux, elle compte une soixantaine de collaborateurs et son Conseil d'administration est composé de 20 pharmaciens.

En 2020, pour refondre notre intranet vieillissant, nous avons opté pour l'utilisation native de SharePoint. Avec l'aide de Christophe, nous disposons désormais d'un intranet sécurisé et convivial pour partager les documents "métier" de référence, les informations d'entreprise (infos RH, outils, ressources ...) et pour diffuser des actualités.

Nous avons également créé, pour les membres de notre Conseil d'administration, un espace collaboratif ergonomique qui facilite leur travail au sein des différentes Commissions (mise à disposition des documentations à l'ordre du jour des réunions et des procès-verbaux, partage d'actualités, outils pratiques en lien avec leur mandat d'administrateurs).

Une fois l'intranet déployé, nous avons poursuivi notre démarche pour améliorer la communication interne, qui reposait uniquement sur le mail. Nous voulions renforcer les interactions au sein de la Caisse et éliminer les "mails de communication" qui encombraient les boîtes de réception.

La fonctionnalité des actualités de SharePoint nous a été très utile pour communiquer de manière plus directe et plus conviviale avec l'ensemble des collaborateurs mais cela n'était pas suffisant.

Nous avons alors choisi de déployer une équipe Teams de communication d'entreprise, avec des canaux spécifiques pour chaque thématique, dans lesquels nous échangeons désormais de manière régulière et plus organisée. Et nous avons aussi trouvé avec Teams une solution efficace et cohérente pour relayer les événements "clés" de l'intranet : un canal dédié a été créé pour informer les équipes à chaque fois qu'une actualité importante ou qu'un document de référence est publié.

Pour autant, il était important pour nous de simplifier le travail de nos contributeurs et nous ne voulions pas qu'ils soient contraints de rédiger et diffuser eux-mêmes une alerte lors de chacune de leurs publications.

Ce besoin d'automatisation nous a conduit à mettre en place un mécanisme "Power Automate" : en modifiant une propriété d'une page SharePoint d'actualité ou d'un document de référence, un traitement "Power Automate" se déclenche et une notification est automatiquement publiée dans le canal Teams d'information ad hoc avec toutes les explications nécessaires.

Les collaborateurs peuvent, s'ils le souhaitent, réagir et échanger sur cette information, dans la conversation créée par Power Automate.

Power BI, la visualisation des données

Power BI permet de réaliser des tableaux de bord de données en consommant toutes sortes de données : des fichiers CSV, Excel, fichiers « plats », bases de données, listes SharePoint, etc. Ces tableaux de bord sont « dynamiques » : en cliquant sur des éléments, les tableaux se recalculent. Bref, rien à voir avec les vieux fichiers Excel historiques qui se baladent par mails dans toute l'entreprise : on entre vraiment dans le 21ième siècle.

Comme nous en avons déjà parlé, la bonne nouvelle, c'est que ces tableaux de bord de données s'intègrent parfaitement dans des espaces du hub d'entreprise. Ainsi, vous pouvez créer un « espace reporting » dans le hub et y intégrer les tableaux de bord destinés par exemple au management.

Ainsi toujours à disposition en un clic, toujours à jour par une alimentation automatique, plus besoin d'envoyer des mails poussifs avec des fichiers Excel en pièces jointes qui sont obsolètes à peine arrivés dans les boîtes de réception.

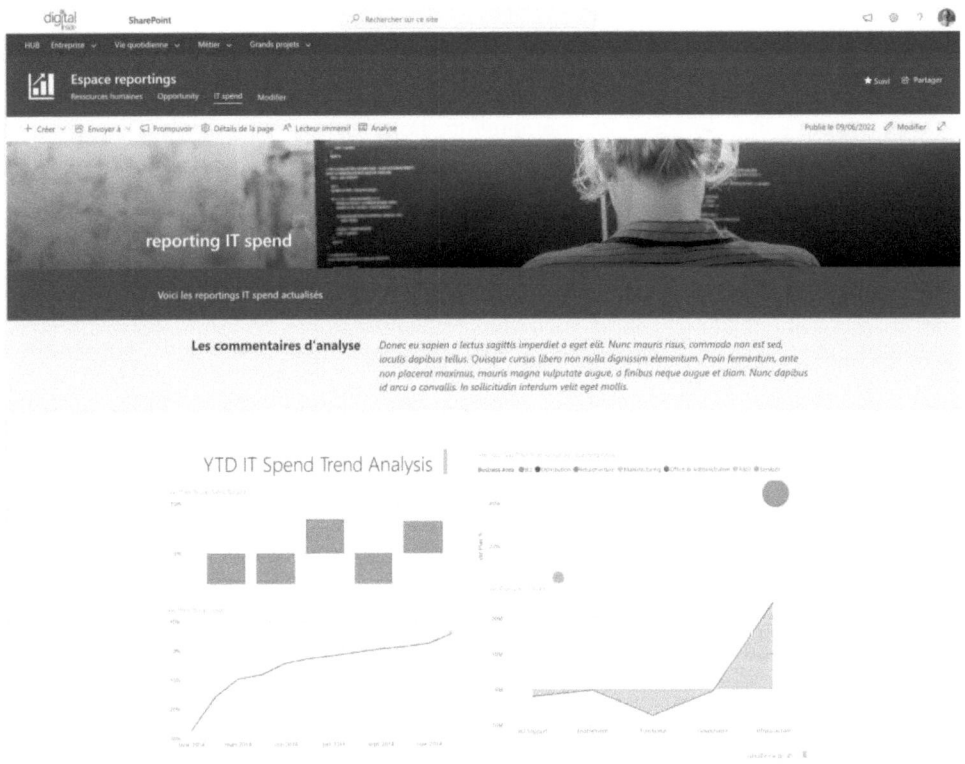

Intégration de tableaux de bord Power dans un espace du hub d'entreprise dédié aux reportings

Power Virtual Agents, le chabot

Power Virtual Agents permet de réaliser à faible coût un agent de conversation en langage naturel, qui pourra être intégré dans votre hub d'entreprise.

L'utilisateur peut demander par exemple "*comment déposer un jour de congés ?*" et l'agent automatique pourra lui répondre et lui poser des questions (« *combien de jour faut-il poser, et à quelle date* ») et réaliser l'opération avec lui.

Bien sûr, il n'y a rien de magique : il y a toute une préparation pour que cela fonctionne correctement, mais contrairement aux années passées, l'effort n'est plus dans la réalisation d'une interface intelligente qui comprend le langage naturel mais dans la constitution de la base de connaissance. Nous en reparlerons dans le tout dernier chapitre.

Soigner la communauté des contributeurs

Nous allons aborder maintenant un sujet qui me tient à cœur. Car le succès d'un hub d'entreprise tient en grande partie à la qualité de sa mise à jour réalisée en grande partie par des contributeurs internes.

Une délégation plus simple

J'en ai déjà parlé, mais dans les vieux intranets historiques, les outils étaient tellement complexes à utiliser ou les accès étaient tellement difficiles à donner que l'équipe de la communication interne centralisaient toutes les mises à jour, sans en avoir forcément ni les effectifs, ni le temps de les prendre en compte.

Ainsi meurent les intranets.

Comme nous l'avons évoqué, SharePoint (nouvelle version) change la donne. Les opérations de base de modification de pages, d'ajouts de documents, de publication d'actualités sont devenues très simples à réaliser. Plus la peine de prendre des cours de HTML ou de Javascript comme c'est parfois le cas sur les premiers intranets des temps modernes (c'est du vécu).

Le rôle des contributeurs

Les contributeurs d'un hub d'entreprise sont des collaborateurs de différents métiers qui ont pour mission de mettre à jour les espaces du Hub dont ils ont la responsabilité.

Par exemple, dans l'espace « vie du collaborateur », quelques collaborateurs de l'équipe ressources humaines auront pour mission de mettre à jour régulièrement les informations sur les tickets restaurant, sur la mutuelle d'entreprise. Il s'agit de modifier quelques contenus de pages ou de mettre à jour des documents. Rien de compliqué.

De temps en temps, les contributeurs postent des actualités, par exemple pour annoncer l'approche de la période des entretiens annuels : l'occasion de glisser quelques conseils dans cette page d'actualité.

Soigner l'expérience utilisateur des contributeurs

Si la maîtrise des fonctionnalités basiques de SharePoint est simple, il faut tout de même penser à soigner l'expérience utilisateur des contributeurs.

Ne laissez pas SharePoint dans leurs mains sans quelques aménagements pour leur faciliter la vie. Pensez au contraire à leur mâcher le travail.

J'ai une approche très personnelle pour ma part, en termes de paramétrage de la liste « Pages du site » (qui contient toutes les pages du site SharePoint). J'organise les pages au mieux et j'enrichis l'expérience avec quelques fonctionnalités de mon crû.

Par exemple, en intégrant la possibilité en un clic de dépublier une actualité SharePoint (*merci à mon collègue Bruce Larre, champion JSON*) : ceux qui connaissent ce sujet savent de quoi je parle. Quand c'est nécessaire, je construis également des pages d'administration pour faciliter le travail des personnes en charge des mises à jour.

Gérer proprement les droits et les rôles

Sur le sujet des droits d'accès et rôles, la structuration « par hub » permet de gérer très proprement les droits et les rôles de chacun, ce qui permet de déléguer la mise à jour aux personnes qui sont au plus proche de l'information.

On peut donner « les clés » d'un espace à quelques personnes sans leur donner les clés de tout le hub d'Entreprise. Reste à trouver les bonnes personnes avec les bonnes compétences : c'est un autre sujet que nous aborderons plus loin dans le livre.

Animer la communauté et former

Dans certaines grandes entreprises, les contributeurs peuvent être très nombreux, comme c'est le cas par exemple pour France Télévisions, avec plus d'une centaine de contributeurs dans toute la France métropolitaine et outre-mer.

Tous ces contributeurs forment une communauté qu'il faut animer.

Par exemple, il faut partager avec cette communauté votre stratégie éditoriale ou vos consignes (sur la structuration des pages, les titres, etc). Il faut également pousser régulièrement des bonnes pratiques. Si une nouvelle fonctionnalité apparaît dans SharePoint, vous devez leur expliquer cette évolution : cela arrive très fréquemment.

Si SharePoint est simple d'usage, quelques tutoriels vidéo seront tout de même bien utiles pour aider les contributeurs à faire les actions les plus simples : c'est ce que j'avais fait pour France Télévisions avec de petites vidéos de 5 min qui expliquaient comment publier un article, comment modifier une page, etc.

Ces petites vidéos sont complémentaires d'une formation à SharePoint qui est indispensable. Mais par pitié, n'envoyez pas vos contributeurs une semaine en formation sur SharePoint ! On ne cherche pas à faire d'eux des experts SharePoint qu'ils ne seront jamais, mais on cherche simplement à leur apprendre à réaliser les opérations les plus basiques. Pour cela, je propose toujours des formations simplifiées, uniquement orientées sous l'angle de la mise à jour de leur hub d'entreprise.

Bref, cette communauté s'anime. Mais elle ne s'anime pas avec des mails. Choisissez plutôt une équipe Teams avec plusieurs canaux dédiés aux échanges : un canal sur les informations générales aux contributeurs, un canal pour l'entraide (poser des questions, avoir des réponses), un canal pour les annonces sur l'évolution du hub (création d'un nouvel espace, …), etc.

Trouver les bonnes personnes pour communiquer

Nommer des contributeurs, c'est bien, mais encore faut-il trouver les bonnes personnes. Dans le passé, on pouvait imputer aux outils la faiblesse de la communication interne à trois raisons principales :

- Un manque de fonctionnalité dans l'outil de l'intranet pour communiquer sur les actualités et autres événements de l'entreprise,
- Un fonctionnement trop complexe de cet outil pour être mis entre toutes les mains,
- L'impossibilité technique de donner des droits de contribution à certaines personnes en particulier en dehors du cercle fermé de la direction de la communication interne.

Aujourd'hui, ces raisons volent en éclat : SharePoint propose des fonctionnalités puissantes pour communiquer, l'outil est devenu simple d'usage et la structuration par hub permet de donner les clés d'un espace à quelques personnes sans leur donner les clés du hub tout entier.

La direction de la communication interne conquise par ces possibilités, mais...

Lorsque je fais mes séminaires de découverte de SharePoint et de ses capacités de communication mes interlocuteurs sont souvent conquis. Tout de suite ils imaginent les trous qu'ils vont pouvoir combler dans la raquette de la communication.

Les idées fusent : « *ici, dans l'espace de la vie du collaborateur, les RH pourront poster des billets d'actualité pour évoquer les grands sujets comme les entretiens annuels, les modifications des conditions de la mutuelle. Ici, dans l'espace des outils, on pourra enfin faire des billets d'actualité pour donner des infos sur les outils, ...* ».

Tout le monde s'emballe quand soudain tout s'arrête sur une question toute simple : mais qui va gérer cette communication ?

Que l'équipe de la communication interne ne puisse pas tout gérer, c'est normal : elle a en charge la communication « corporate », mais elle n'est ni calibrée en effectif, ni la mieux placée pour communiquer sur des sujets très opérationnels. Avec le hub et le nouveau SharePoint, on peut maintenant déléguer aux personnes proches du terrain.

Oui, mais à qui ?

Les cinq conditions pour pouvoir et savoir communiquer

Si la technique n'est plus un frein, c'est l'humain qui patine. Pouvoir et savoir communiquer n'est pas donné à n'importe qui : cela nécessite cinq conditions.

La première condition, c'est d'avoir le temps. Ça semble bête, mais c'est le nerf de la guerre. C'est le principal frein que l'on m'oppose quand je propose des scénarios de communication : on m'explique que tout le monde est surchargé et que personne ne trouvera le temps dans ses missions de prendre en charge ce sujet. Dans la réalité, quand on creuse un peu, on trouve toujours quelqu'un qui fait de la communication, mais elle le fait en envoyant des mails. J'essaie alors d'expliquer que publier un billet dans l'espace du hub prend relativement le même temps que de rédiger un beau mail et qu'on en tire plus d'avantages : une esthétique plus soignée et une capitalisation des actualités dans le hub, alors qu'un mail se perd dans les limbes des messageries.

La seconde condition, c'est d'avoir la fibre de la communication. C'est savoir rebondir sur une information en se disant « *ça, c'est important, il faut le diffuser* ». C'est aussi avoir conscience de sa propre responsabilité : « *si je connais une information importante et que je ne fais aucune publication, personne ne sera informé* ». C'est aussi être capable de définir un plan de communication, même succinct, pour rythmer la communication de l'espace dont on a la charge. Il y a derrière ce sujet la notion de conscience professionnelle.

La troisième condition, c'est de bien comprendre les canaux dont on dispose pour communiquer et de savoir définir lequel utiliser. Nous avons évoqué ici SharePoint et ses fonctionnalités de publication, mais dans la suite du livre nous parlerons de Yammer, le réseau social d'entreprise ainsi que de Teams. Selon la nature de l'information, selon la population concernée, selon le contexte, il faut choisir le bon canal à utiliser pour toucher le bon public. On aborde bien entendu ce sujet pendant une formation, mais cela nécessite une certaine maturité digitale que tout le monde n'a pas.

La quatrième condition, c'est de savoir utiliser les outils (SharePoint, Yammer, Teams, ...) et de connaître les codes de bon usage. C'est paradoxalement le point le plus simple. Pour cela, comme je l'ai expliqué dans le paragraphe consacré à la communauté des contributeurs, on proposera des formations aux outils, ainsi que des tutoriels vidéo en complément. C'est ce que la société ABALON propose dans sa solution « LES ESSENTIELS 365 » à découvrir sur https://www.abalon.fr

Solution d'accompagnement hybride (formations / vidéos) par Abalon

Enfin, la cinquième et dernière condition, c'est de savoir rédiger. Et là souvent, c'est le drame. Tout le monde n'a pas forcément la fibre littéraire et ce n'est pas une critique. Savoir rédiger un texte bien construit pour communiquer, ce n'est pas une compétence forcément très partagée. Ici, l'outil ne va pas pouvoir vous aider (du moins, pas pour le moment – on en reparlera à la toute fin de ce livre).

Face à ce constat se développe un nouveau métier : rédacteur Web pour les entreprises. Des freelances rompus à la communication Web qui peuvent apporter un support aux équipes pour prendre en charge une partie de la communication : les pigistes de l'intranet.

La nécessaire supervision

Je le dis très souvent à mes clients, mettre en place un hub d'entreprise, c'est faire une promesse aux collaborateurs : la promesse qu'ils y trouveront tout le temps et facilement une information exhaustive et à jour.

Pour tenir cette promesse, il n'y a pas de miracle : il faut un pilote dans l'avion. Il faut une personne qui aura dans ses objectifs annuels d'être garant du bon fonctionnement du hub.

Ses actions seront par exemple :

- S'assurer que toutes les équipes en charge des espaces du hub jouent le jeu et s'acquittent de leur mission de mise à jour. A défaut, recadrer.

- S'assurer que les collaborateurs ont compris le bon fonctionnement du hub, ses scénarios d'usage et la stratégie documentaire associée (car le Hub est au centre de cette stratégie, rappelons-le). Souvent les entreprises investissent du temps au lancement mais oublient que cet effort doit être continuel car de nouveaux embauchés arrivent régulièrement.

- S'assurer que le hub est toujours représentatif du contexte de l'entreprise. Par exemple, peut-être qu'à la suite de l'arrêt d'une activité, un espace doit être retiré du hub. Ou au contraire, qu'un nouvel espace doit être ajouté.
- Être l'interlocuteur des collaborateurs et des directions pour tout ce qui concerne le hub, en matière de structure, d'ergonomie et de contenu.
- Prendre en compte toutes les remontées des collaborateurs, au travers des dispositifs mis en place pour permettre aux utilisateurs de signaler d'éventuelles difficultés ou de besoins. Pour faire cette amélioration continue, on s'appuiera par exemple sur des formulaires Microsoft Forms comme je l'ai déjà évoqué.
- Mettre à jour la base de référence de la « recherche guidée » (dont je parlais plus tôt dans le livre) qui permet de guider directement un utilisateur sur la bonne ressource simplement en tapant un mot clé.
- Surveiller les chiffres clés et statistiques de visites, faire régulièrement des sondages de satisfaction et analyser les retours. Une bonne satisfaction indique que le dispositif fonctionne et que les collaborateurs y gagnent en productivité, en efficacité et surtout en satisfaction.
- Rendre compte périodiquement à la direction générale des usages du hub d'entreprise, pour la simple et bonne raison qu'une grande partie de l'efficacité individuelle et collective des salariés en dépend. Ce rapport périodique est nécessaire notamment s'il est nécessaire de tirer l'oreille de certaines directions qui ne jouent pas le jeu.

Lorsque j'explique cela à mes clients, beaucoup s'insurgent : « *Aujourd'hui, on n'a pas besoin de faire tout ça et voilà que maintenant on doit assumer toute cette charge supplémentaire de travail !!* ».

En vérité, avant la mise en œuvre d'un hub d'entreprise structuré et bien calibré, il n'y a rien à faire tout simplement parce l'anarchie ne se supervise pas. A partir du moment où l'on décide de mettre un code de la route, il faut des gendarmes pour s'assurer qu'il est respecté.

Idéalement, le superviseur du hub d'Entreprise sera également le « digital manager » (appelez-le comme vous le voulez) de l'entreprise. C'est-à-dire la personne responsable de la transformation digitale interne des collaborateurs : nous en reparlerons plus tard dans le livre en page 140.

Pour finir, je recommande toujours de piloter le hub avec une équipe Teams dont les membres seront les différentes personnes qui travaillent avec le superviseur du hub. Ce sont peut-être des collègues ou des responsables avec qui le responsable pourra partager des reportings ou collaborer. Les sollicitations des utilisateurs au travers des formulaires Forms pourront être versés dans des canaux de cette équipe Teams pour traitement : nous en parlerons en page 137 dans le chapitre dédié à Teams.

Le réseau social d'entreprise

Chez Bouygues Telecom, sur l'initiative du DSI de l'époque Yves Caseau, nous avions déployé pour la première fois un réseau social d'entreprise en 2011 construit sur SharePoint avec une solution Newsgator (Sitrion) que nous avions baptisée Wooby Network.

Douze ans plus tard, une majorité d'entreprises se demandent toujours à quoi peut bien servir un réseau social d'entreprise et si ce n'est pas trop dangereux.

Tout et n'importe quoi a été dit sur le sujet : simple « *effet de mode* » en 2010, ou un peu plus tard une « *révolution qui allait remplacer l'intranet* » (LOL), ou encore plus récemment une « *solution en fin de vie* » avec l'arrivée de Teams.

Bref, dans ce chapitre nous allons faire un point sur cet outil majeur de la communication et du partage d'entreprise.

Un réseau social d'entreprise, ça sert à quoi ?

Le réseau social d'entreprise est une plateforme qui permet de créer des communautés d'intérêt de toutes natures, permettant à tous les salariés de l'entreprise d'interagir et de se mettre en relation de façon simple et non intrusive.

Pour comprendre ce que j'entends par « non intrusif », repensez à la dernière fois qu'un salarié de votre (grande) entreprise a eu la mauvaise idée de cliquer sur « *répondre à tous* » à un mail à diffusion générale. J'en avais déjà parlé, dans un tel cas, en quelques heures, toutes les boîtes de réception peuvent être saturées et tous les salariés bloqués dans leur travail. A l'opposé, dans un réseau social d'entreprise, vous pouvez avoir des milliers d'échanges dans une même discussion sans aucun impact sur votre capacité à travailler. C'est ça, ce que j'appelle une solution non intrusive.

Cet exemple illustre en tout cas parfaitement les enjeux d'un réseau social d'entreprise. Il montre parfaitement que la messagerie, conçue dans les années 1970-1980 n'était pas du tout conçue pour permettre du dialogue ouvert entre tous les collaborateurs : ce n'était pas dans l'esprit de ce temps. La messagerie permet d'échanger entre quelques personnes mais au-delà d'un certain nombre de destinataires, on prend un risque. Autrement dit, si l'entreprise souhaite permettre à chaque salarié de s'impliquer sur différents sujets, de se prononcer, de réagir, un réseau social d'entreprise s'impose.

Bref, si le hub d'entreprise est un simple espace pour exposer de l'information et de la connaissance (sans interaction), le réseau social d'entreprise, lui, est au contraire un espace qui permet aux salariés de l'entreprise (et aux dirigeants) d'interagir entre eux sans risque d'un blackout de messagerie, puisque tout se fait sans aucun mail.

Pour les très grandes entreprises, c'est juste indispensable.

Présentation rapide de Yammer

Pour faire une analogie avec quelque chose de connu par le grand public, une communauté Yammer s'apparente à une **page** Facebook sur un thème particulier : par exemple, une page Facebook consacrée à la réduction de l'empreinte carbone de votre ville.

Les usages sont relativement les mêmes :

- Un entête pour présenter le sujet,
- Un mur de discussion dans lequel on peut ouvrir des conversations et participer, en likant les messages ou en les commentant,
- Des membres qui ont rejoint la communauté (abonnement),
- Des partages de messages, de photos, de vidéos,
- La capacité de « relayer » les messages à un public plus large (partage),
- … la liste n'est pas exhaustive.

Et comme Facebook qui vous montre dans votre « fil » tous les messages des comptes de vos amis et ceux postés dans les pages dont vous êtes membres, vous retrouvez toutes les dernières nouvelles postées dernièrement dans votre fil Yammer. Bien entendu, c'est une explication très raccourcie et simpliste que je viens de vous donner ici, mais elle est suffisante pour que chacun puisse se faire une petite idée.

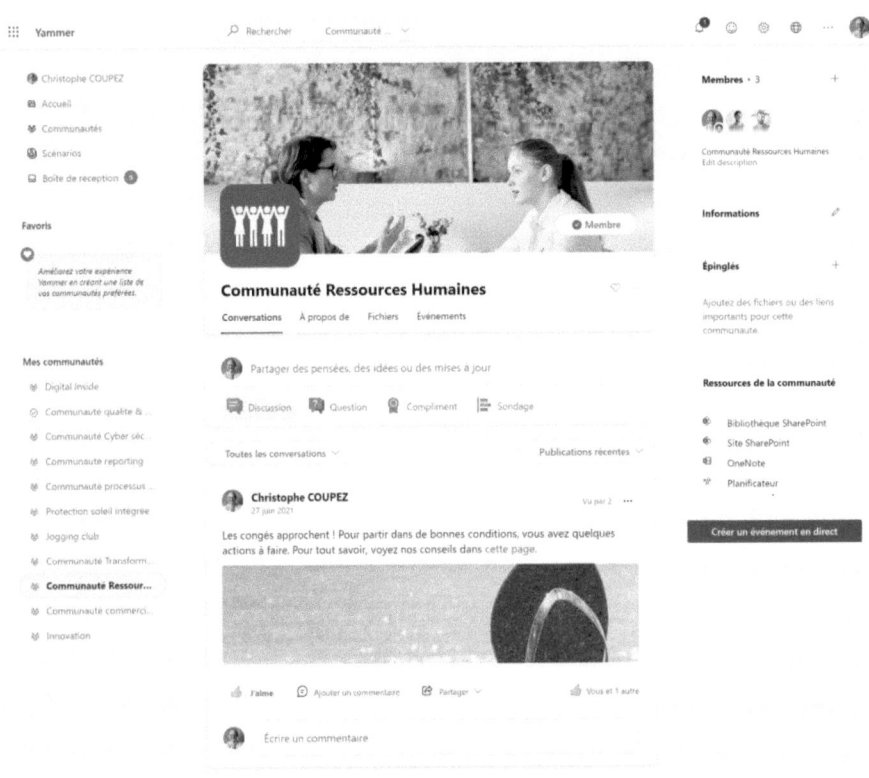

Exemple d'une communauté Yammer

Des exemples de communautés

Difficile de comprendre le concept et l'intérêt d'un réseau social d'entreprise sans avoir des exemples concrets d'usage. C'est ce que nous allons voir maintenant.

Une communauté de communication d'entreprise

Certaines communautés Yammer sont utilisées uniquement pour communiquer. On y diffuse des messages (posts) ou on relaie de l'actualité publiée dans d'autres dispositifs comme une page d'actualité publiée dans un espace du hub d'entreprise, par exemple.

Il est toujours difficile pour beaucoup de comprendre l'intérêt de « relayer » dans Yammer un article publié dans le Hub d'entreprise. C'est pourtant très simple.

Prenons l'exemple d'un journal comme Le Monde. Il dispose bien entendu d'un site internet dans lequel on retrouvera les articles de fonds avec des textes, des images et souvent des vidéos.

Mais à côté, Le Monde dispose également d'un compte Twitter. Lorsqu'une actualité est courte (*breaking news*), un simple Tweet suffit, sans article publié dans le site : simple et efficace. Mais pour les articles de fonds les plus importants, un article est publié dans le site et un « Tweet » relaie cet article dans Twitter, avec une petite accroche d'explication. C'est dans Twitter que les lecteurs vont réagir et repartager (RT), liker.

Exemple d'un article du site relayé sur Twitter pour informer les lecteurs

Pourquoi les journalistes du Monde prennent-ils le temps de relayer ces informations via Twitter ? Tout simplement parce que Twitter est le fil d'actualité d'un grand nombre de lecteurs et que c'est au travers de Twitter que ces lecteurs vont réagir (like), commenter et rediffuser (RT) pour lui donner plus d'audience.

Vous l'avez compris : le site intranet du Monde.fr, c'est un des espaces de votre hub d'entreprise. Et le fil Twitter, c'est votre communauté Yammer de communication qui relaie les informations importantes du Hub.

Une communauté pour les locaux et bâtiments de vie

Lors du lancement du réseau social d'entreprise chez Bouygues Telecom en 2011, nous avions eu un partenaire important : la direction des services généraux.

Jusqu'alors, toutes les communications des services généraux passaient par des mails envoyés aux collaborateurs. Avec le réseau social d'entreprise, des communautés ont été créées par site par la direction des services généraux : les collaborateurs qui travaillaient sur ces sites étaient invités à s'y abonner pour être informés, mais également pour poser des questions ou remonter des problèmes éventuels, en complément d'un guichet plus formel.

Ce type d'usage est très concret et permet aux collaborateurs de comprendre rapidement l'intérêt d'un tel outil. Cette transition digitale avait également donné une image de modernité à cette direction. Le témoignage d'Elodie GUIU de la société La Poste en page suivante donne une autre illustration sur un sujet similaire.

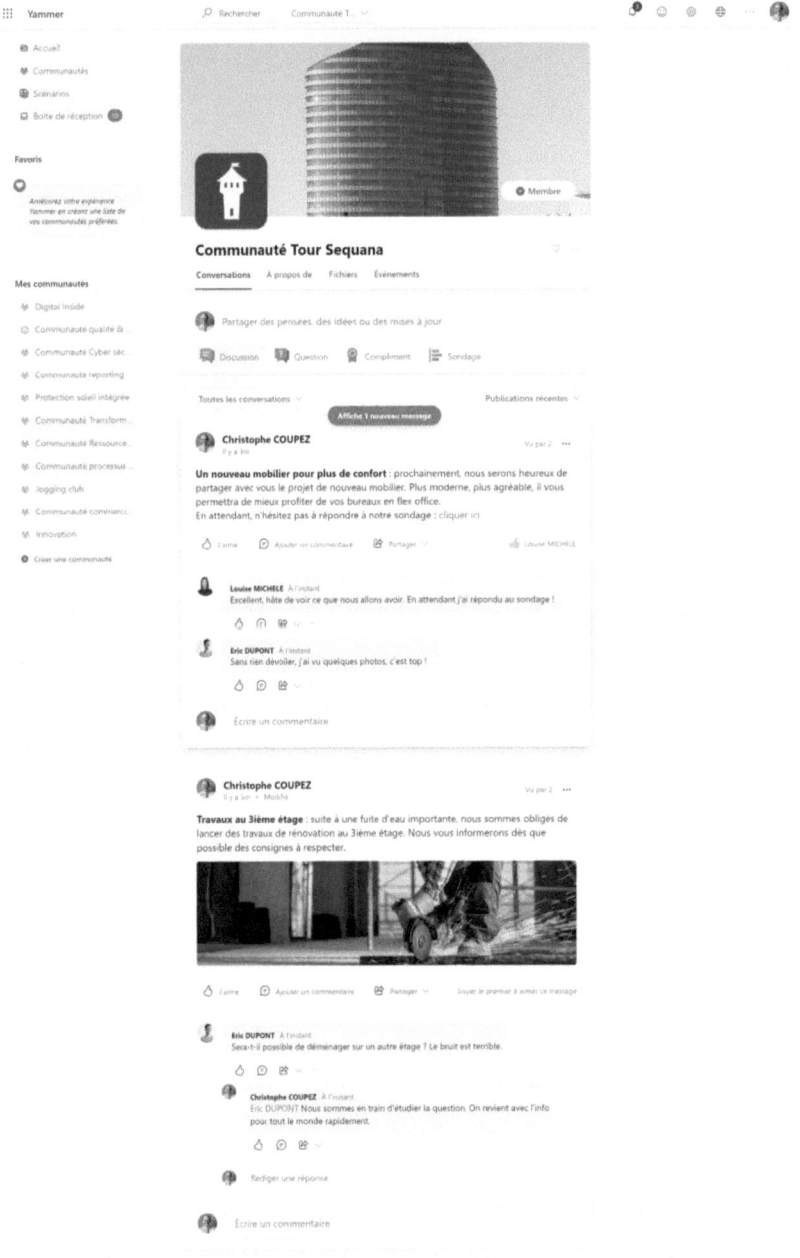

Un exemple factice d'une communauté d'animation de la vie sur un site de l'entreprise

Elodie GUIU

Responsable Accompagnement Transformation, ambassadrice du réseau Parité Un.e chez La Poste

La communauté Yammer du Village La Poste

En 2018, un projet immobilier d'envergure a été lancé au siège territorial de La Poste, à Lyon : le Village La Poste. L'objectif était de proposer des locaux favorisant la coopération, tout en offrant les meilleurs standards du marché.

Au sein de l'équipe projet, j'avais en charge la communication interne vers les "villageois". Nous avions au début un site intranet basique, avec une FAQ, quelques actualités, les supports présentés aux réunions d'information. Ce site réalisé en HTML me prenait beaucoup de temps de mise à jour et entrainait de la frustration pour moi : peu de consultations, aucune réaction possible. J'avais l'impression de "parler dans le vide". Mais plus gênant, cet outil de communication était en décalage par rapport à l'objectif du projet, celui de proposer un lieu favorisant les échanges. Au lieu de cela, j'offrais en communication interne une communication "froide", à sens unique, sans interaction possible.

Alors, lorsque Yammer, le Réseau Social d'Entreprise (RSE) a été déployé, j'ai proposé à l'équipe projet de basculer sur ce nouveau média de communication, totalement aligné avec l'esprit de coopération attendu du projet.

Nous avons accompagné le changement en douceur, en conservant le site intranet historique quelques mois, et en y insérant le flux Yammer de la communauté ainsi créée.

Cette communauté Yammer a été très utile au moment des premiers emménagements pour expliquer comment régler son nouveau fauteuil, poser des questions sur les connexions informatiques et partager notre vécu dans ce nouveau lieu de travail physique. Nous avons progressivement déplacé tous les documents de référence dans le site SharePoint associé à la communauté Yammer et avons pris nos marques sur ce nouveau média interne.

Ouvert en novembre 2019, à l'aplomb de la livraison de la 1ère phase de travaux, la crise sanitaire quelques mois plus tard nous a donné raison ! Nous avons pu garder le lien avec les villageois, continuer à communiquer à distance en basculant nos rencontres mensuelles en présentiel sur des événements en direct directement depuis Yammer. Et faire de ce YAMMER notre "Village La Poste virtuel".

Cette communauté a aussi permis l'émergence spontanée d'initiatives Villageois, comme les Cafés Ecolos, animés par une villageoise. Ou encore, les Quais du Pollard, pour des rencontres littéraires.

Et au-delà de Lyon, le lien a pu se faire avec les Villages sur tout le territoire, de Rennes à Marseille, en passant par le Siège. Yammer a permis de mettre en place une vraie plateforme du lien et des échanges, humaine et digitale …

témoignage

Une communauté « qualité »

Dans beaucoup d'entreprise, la qualité est un sujet important et central, pour différentes raisons : sécurité, contraintes réglementaires, normes, etc.

Il y a de nombreuses occasions qui justifient des prises de parole régulières de l'équipe qualité : une norme qui évolue, l'annonce d'un audit ou ses résultats, des recommandations ou des conseils à pousser, etc.

Généralement, la qualité est un sujet qui bénéficie d'emblée d'un espace dédié dans le hub d'entreprise. On y expose la connaissance (explications, documents, …) et on y publie des billets d'actualités sur des sujets importants nécessitant textes et images. Et très souvent, se créé en parallèle une communauté Yammer.

Dans cette communauté Yammer, l'équipe qualité pourra faire ses annonces, pousser quelques bonnes pratiques, relayer les billets d'information importants ou même pousser certaines pages de son site pour faire des rappels ou signaler une mise à jour. Le tout sans envoyer aucun mail.

Plus important encore, les collaborateurs pourront réagir aux posts et poser des questions. Exemple, concernant une annonce d'évolution d'une norme, un collaborateur peut demander un éclaircissement en postant une question dans la conversation, à laquelle l'équipe qualité pourra répondre rapidement.

Lorsqu'un collaborateur rentre de vacances, il lui suffit de scroller le mur de conversations de la communauté qualité pour revoir les messages qu'il a loupés. Plus besoin de trier quoi que ce soit.

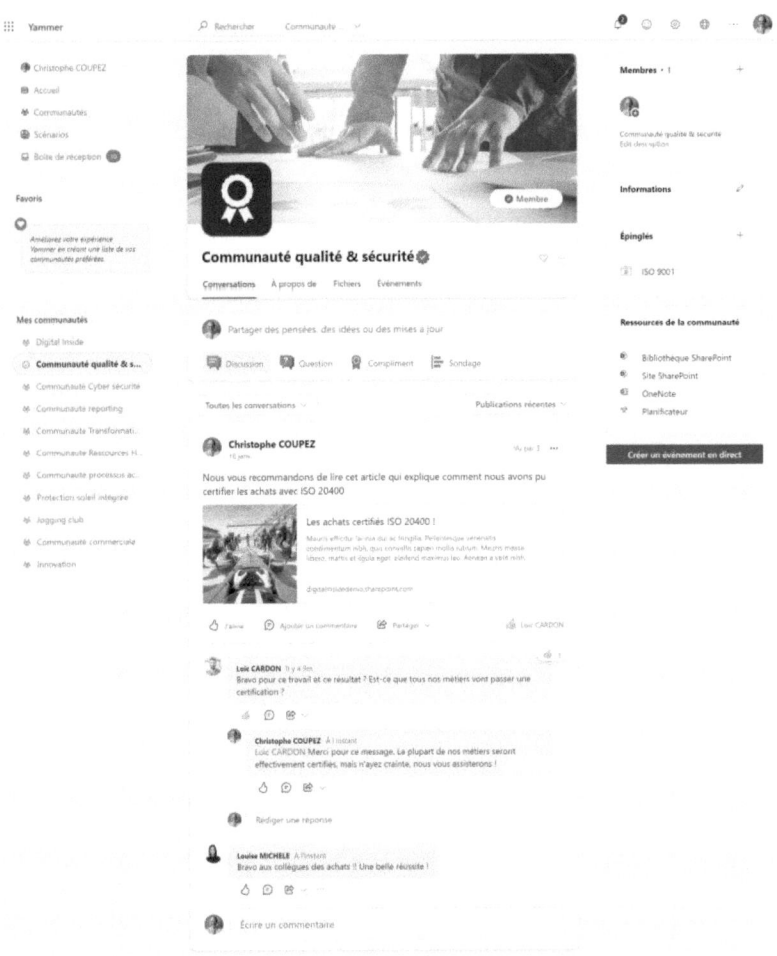

Exemple de publications dans la communauté qualité et d'interactions avec les collaborateurs

La veille et l'innovation

Voici un cas usage assez classique dans les entreprises pour lesquelles l'innovation est une chose importante. Faire de la veille au niveau de l'entreprise, c'est par exemple partager des idées nouvelles ou des informations trouvées sur le net pour en discuter l'intérêt au sein de l'entreprise.

Ce cas d'usage est inimaginable avec la messagerie d'entreprise : impossible d'envoyer un mail à toute l'entreprise pour proposer une idée ou pour demander l'avis des collaborateurs sur une toute dernière technologie.

Avec une communauté Yammer, c'est une chose très simple à faire, en créant une simple communauté. Chaque membre peut poster une idée ou un message pour relayer un article trouvé sur le net présentant une technologie : chacun peut alors donner son avis en répondant dans la conversation.

Voici un cas d'usage réel rencontré dans une entreprise :

Un collaborateur a eu l'idée d'intégrer dans la visière des casques de chantier de son entreprise un traitement solaire pour se protéger du soleil. Pour développer son idée, il avait créé une communauté Yammer dans laquelle il postait régulièrement des photos de ses prototypes, des vidéos ou de simples posts d'information. Chacun pouvait donner son avis et faire ses remarques sur la réalisation. Voir le témoignage complet dans le site digital-inside.fr dans la page « Thibault Godart : innover avec Yammer »

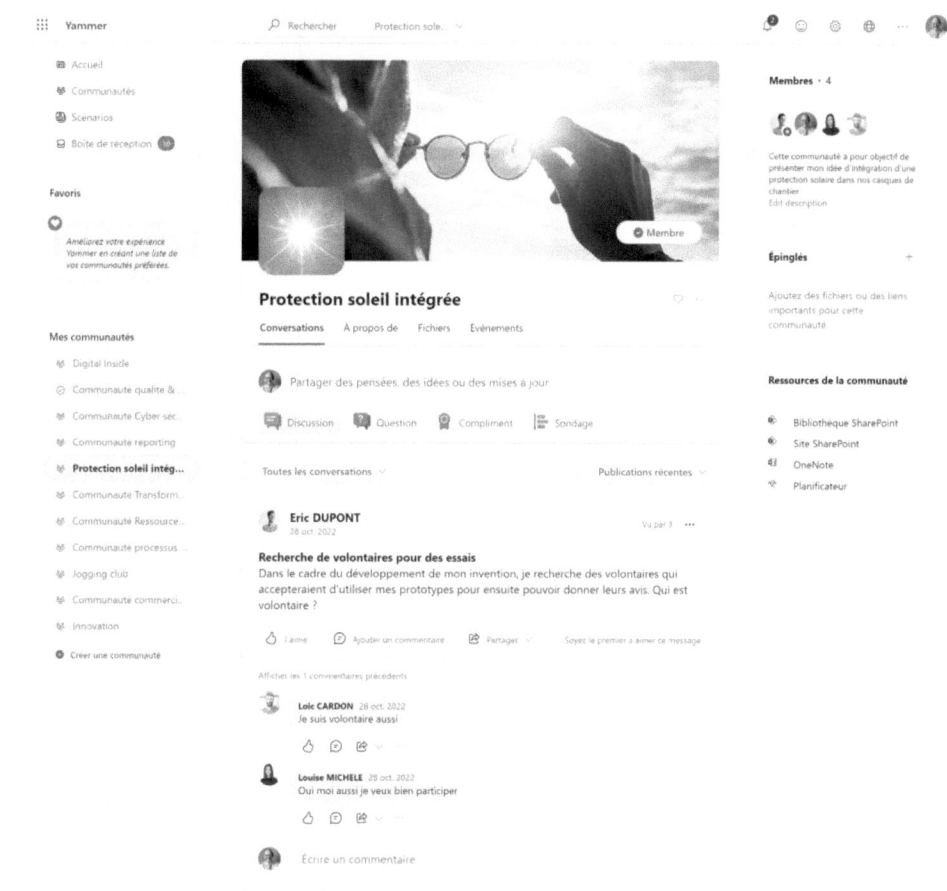

Illustration factice de cette communauté Yammer

Une communauté pour porter une démarche d'entreprise

Par définition, une démarche d'entreprise concerne tous les collaborateurs et nécessite leur implication pour réussir. Cela peut être une démarche de transformation digitale interne avec Microsoft 365, mais aussi n'importe quelle autre démarche de réorientation stratégique, ou le lancement d'un nouveau produit révolutionnaire.

Là aussi, il n'est pas imaginable d'animer de telles démarches en bombardant les collaborateurs de mails, au risque de créer un rejet total.

Et pourtant, pour informer, impliquer, donner du rythme à la démarche, il faut souvent communiquer auprès de toute l'entreprise et à haute fréquence. Il faut également que les collaborateurs s'impliquent, participent, coconstruisent. Là aussi, le recours aux mails n'est pas envisageable.

Les communautés Yammer sont alors une solution indispensable. Une communauté créée pour porter une démarche permet de communiquer de l'information, mais aussi de faire réagir les collaborateurs en leur permettant de donner leur avis, de proposer des idées, de faire des propositions. Il est alors possible de construire des communautés de réflexions sur des chantiers, avec Yammer (ou Teams également).

Bref, dans le cadre d'une transformation d'entreprise, Yammer permet de créer de l'engagement, ce qui est tout à fait impossible à faire avec des mails.

Pour illustrer ce cas d'usage, vous pouvez retrouver en page 33 le témoignage de Sarah Alezrah de Bouygues Telecom qui explique comment son équipe s'était appuyée sur le réseau social d'entreprise pour engager tous les collaborateurs dans le lancement de la 4G à un moment charnière de l'histoire de l'entreprise.

Découvrez également en page suivante le très intéressant témoignage de Julien Tanguy-Legac de Total Energies qui nous explique comment, avec Yammer, il anime le déploiement des nouveaux usages de collaboration, de partage et de communication avec Microsoft 365 dans tout le Groupe. Son témoignage est intéressant à plus d'un titre :

- C'est une démarche très volontariste comme j'en rencontre très peu, qui tient aux convictions profondes de Julien Tanguy-Legac et à son implication.
- La démarche est très structurée et complète (tips, promotion d'usage, réponses aux questions, …) : un vrai cas d'école.
- Le contexte est assez exceptionnel en nombre d'utilisateurs, de questions traitées, … On parle ici d'une des plus grosses entreprises françaises.
- Cette démarche met en œuvre plusieurs leviers (Yammer, SharePoint, mais aussi Microsoft Bookings pour les assistances personnalisées et d'autres solutions encore pour celles de la Power Platform).
- Julien Tanguy-Legac a réussi à mettre en œuvre un profil Yammer « Captain Office » qui personnifie sa démarche et c'est assez unique : d'ailleurs je fais un point plus précis sur le sujet dans la suite du livre.

Julien Tanguy-Legac

Chef de service User Experience / Transition chez Total Energies

Captain Office

Avec mon équipe de 7 personnes, nous sommes en charge du déploiement des nouveaux usages de collaboration, de partage et de communication avec la solution Microsoft 365 : une démarche que nous avons appelée « Lift ».

Nous avons pour mission d'apporter un support aux collaborateurs, mais aussi et surtout de les accompagner dans ces nouveaux usages, de les promouvoir et de diffuser bonnes pratiques et idées d'usages.

Du fait de la taille de l'entreprise TOTAL ENERGIES, cet accompagnement n'est pas simple. Il est inimaginable d'animer une telle démarche en envoyant régulièrement des mails à tout le groupe. Pour cette raison, nous utilisons Yammer, une solution qui a été utilisée dans notre groupe dès le début de l'outil, avant même qu'il ne fasse partie de l'offre Microsoft 365.

Une communauté Yammer « Lift » a été créée pour permettre d'animer toute la démarche au travers de posts d'information et de promotion d'usages. Pour poster ces messages, nous disposons d'un compte utilisateur dédié appelé « Captain Office » qui est connu dans toute l'entreprise. Derrière Captain office, plusieurs membres de l'équipe se relaient pour endosser le profil.

Captain office poste des messages sur plusieurs sujets : il poste régulièrement des « tips » (conseils et bonnes pratiques), il communique sur les nouveautés des outils, sur les éventuels incidents techniques. Il relaie également des messages postés dans d'autres communautés qui ont un intérêt sur le sujet.

témoignage

Surtout, Captain Office répond aux questions des collaborateurs sur les outils et leur utilisation. Mais du fait des volumes particuliers dus à la taille l'entreprise, pour ne louper aucune question, un Power Automate capture les posts de la communauté Yammer, en extrait le message avec l'auteur, la réponse et le statut. Nous vérifions si toutes les questions ont eu leur réponse, car c'est un gage de fidélité.

Aujourd'hui, la communauté Lift est une réussite, avec plus de 5000 membres actifs, près de 300 messages postés et plus de 50000 lectures par mois.

La communauté s'appuie également sur un site SharePoint de communication (le site « LIFT ») qui cumule plus de 1,5 millions de vues et qui contient toute la connaissance utile sur le sujet au travers de vidéos, de FAQ, de fiches.

Enfin nous animons une équipe Teams avec plus de 600 Champions les "Upgraders" qui bénéficient, en plus de webinaires, d'évènements dédiés aux outils qu'ils préfèrent.

Le site Lift, la communauté Yammer associée et son animateur Captain office ainsi que l'animation des "Upgraders" sont devenus des outils indispensables pour assurer autour des outils de Microsoft 365 une animation et un accompagnement qu'il aurait été impossible de faire avec la seule messagerie.

Mais comme pour tout, les outils ne font pas tout : il faut surtout des intervenants investis, qui connaissent parfaitement le sujet, qui savent communiquer avec aisance et qui sont capables de faire preuve d'écoute et d'empathie.

D'autres exemples

Impossible de dresser la liste de tous les sujets qu'on peut adresser facilement avec un réseau social d'entreprise.

Au fil de mon expérience, les exemples de cas d'usage d'un réseau social d'entreprise n'ont pas manqué. En voici quelques-uns, tous tirés de cas réels :

- **Communautés d'entraide autour d'un processus** : par exemple, une communauté sur les achats pour informer et aider les personnels gèrent des achats. Au travers de cette communauté, les responsables du processus peuvent donner des informations sur le process, pousser des bonnes pratiques, répondre aux questions.
- **Communautés sportives** : au travers de cette communauté, les salariés qui pratiquent des sports dans le cadre de l'entreprise peuvent échanger, s'informer. Exemple courant : le rendez-vous des joggers pour s'entrainer ensemble pendant le déjeuner.
- **Communauté handicap** : dédié aux salariés en situation de handicap, mais aussi et surtout à tous les salariés valides, cette communauté permet de communiquer sur la volonté d'inclusion de l'entreprise, de communiquer sur les initiatives et permet aux collaborateurs de s'impliquer.
- **Communauté cyber sécurité** : les responsables cyber sécurité pourront y poster régulièrement des conseils, mettre en garde contre des tentatives de phishing, poster les résultats de leurs campagnes de sensibilisation, poster des vidéos, etc.
- **Communauté empreinte carbone** : pour porter les efforts de l'entreprise dans sa volonté de réduction de l'empreinte carbone, cette communauté permettra de communiquer sur les initiatives et de permettre aux collaborateurs de contribuer en proposant des idées.
- ... la liste est bien entendu non exhaustive

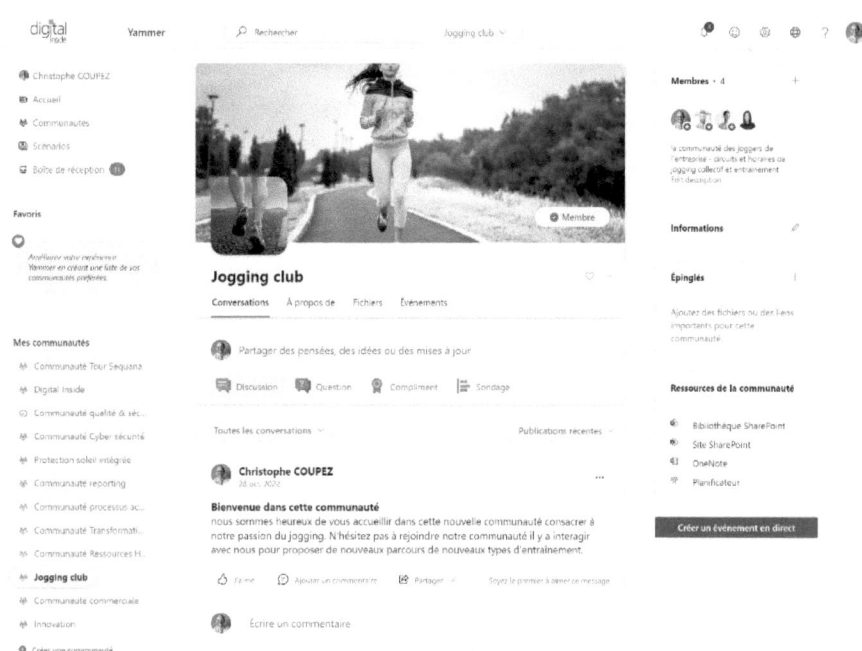

Exemple d'une communauté animée par les joggers de l'entreprise

Promouvoir les communautés

Généralement, les gouvernances des entreprises permettent à tout collaborateur de créer des communautés Yammer. De sorte que dans les grandes entreprises, il est difficile d'identifier parmi tous les communautés existantes celles qui ont un réel intérêt pour tous les salariés. Et il ne faut pas se mentir, il y a forcément un peu de déchet.

Dans le lot il y a en revanche des communautés essentielles qui doivent nécessairement être portées à la connaissance de tous les collaborateurs parce qu'elles présentent une réelle valeur ajoutée. Ce sont par exemple les communautés dédiées à la communication d'entreprise, ou encore les communautés de support et d'entraide, etc.

Pour toutes ces communautés importantes, les administrateurs du réseau ont la possibilité de les marquer comme étant « officielles » : un petit logo apparaît pour indiquer que la communauté est reconnue comme était importante pour l'entreprise.

Le petit symbole qui montre qu'une communauté est « officielle »

En parallèle, dans le hub d'entreprise, il est important de faire la promotion des communautés essentielles au travers d'une page qui va rassembler les principales communautés par grand thème. Régulièrement, il est intéressant de mettre une communauté à visibilité, par exemple avec une rubrique « communauté de la semaine » par exemple.

Mise en visibilité des communautés Yammer importantes au travers du hub d'entreprise

La peur ancestrale du réseau social d'entreprise

Cela peut sembler anecdotique, mais l'un des principaux freins au déploiement des réseaux sociaux d'entreprise c'est la peur. Il m'a donc semblé important de faire un point ici sur le sujet.

La crainte d'ouvrir une boîte de pandore

Comme le réseau social d'entreprise, c'est par définition la libération de la parole, les dirigeants ont une peur bleue : la peur que chacun se mette à dire tout et n'importe quoi et que cela débouche sur une révolution interne, une sorte de prise de la Bastille managériale.

Pour éviter ça, dans une conférence il y a quelques années, un dirigeant me demandait s'il était possible de mettre en place des systèmes de validation des messages : il souhaitait que chaque message posté par un collaborateur soit nécessairement validé par son responsable hiérarchique avant publication.

Peut-on seulement imaginer l'usine à gaz que cela représenterait ? Une telle fonctionnalité serait bien entendu irréaliste et surtout complètement contraire au concept du réseau social d'entreprise. La question était tout de même intéressante dans le sens où elle illustre parfaitement cette crainte qu'inspire le réseau social d'entreprise

Des dérives très rares

Les entreprises craignent des prises de parole inopinées sur le réseau social d'entreprise, mais rien ni personne ne peut empêcher un collaborateur d'envoyer un mail à tout ou partie de l'entreprise avec des conséquences souvent bien plus graves, notamment si le mail incriminé déclenche une « boucle » infinie de réponses pouvant bloquer la messagerie. A l'inverse, effacer un post inapproprié dans une communauté se fait en un clic, sans conséquence.

Les dérives sont très rares, pour la simple et bonne raison qu'un réseau social d'entreprise, ce n'est pas un réseau social grand public : personne ne se cache derrière un pseudonyme. Chacun sait que tout propos déplacé ou clivant devra être pleinement assumé. Et justement pour cette raison, les contributions, au moins au début, se font plutôt rares.

Une chose qui est certaine en revanche : si le climat social dans l'entreprise est proprement détestable, si c'est la guerre ouverte entre la direction et les salariés, l'ouverture d'un réseau social d'entreprise n'est pas forcément une bonne idée. De la même façon qu'on ne met pas de pansement sur une plaie infectée, Yammer doit se déployer dans un climat sain, serein et constructif.

Surveiller des mots clés et alerter

Pour les plus craintifs, sachez que Yammer propose de définir une liste de mots clés à surveiller. La détection de ces mots dans les conversations permet de lever une alerte auprès des responsables de Yammer.

C'est ainsi qu'un jour, j'ai établi une liste improbable des pires mots grossiers et insultants à la demande du DSI d'une grande société. Je lui avais envoyé le document pour validation et il m'avait alors répondu non sans humour, que c'était bien la première fois de sa carrière qu'il avait à valider un tel document.

La vraie crainte qu'il faille avoir, c'est l'absence de contribution

Comme je le dis à mes clients, ce qu'il faut surtout craindre, c'est que les utilisateurs ne s'expriment pas assez dans le réseau social d'entreprise.

Car ce qu'on constate au lancement d'un RSE (avec Yammer ou n'importe quel autre outil), c'est plutôt l'absence de réactions. Plusieurs raisons à cela : l'absence de sensibilisation et d'accompagnement des utilisateurs, l'absence de stratégie d'ouverture et de promotion, l'absence de sens (il faut explique aux collaborateurs pourquoi un réseau social d'entreprise et ses enjeux), l'absence de contenus (aucune communauté créée ou si peu), et côté collaborateurs, la peur de dire des bêtises.

Yammer doit surtout se lancer de manière réfléchie, avec une charte d'usage qui permettra de recadrer les personnes indélicates ou imprudentes. L'ouverture doit s'accompagner aussi d'explications sur les usages et des bonnes pratiques qu'on ne manquera pas de pousser aux collaborateurs.

Et surtout, la clé de réussite, c'est la bienveillance. Dans une entreprise que j'ai croisée sur ma route, dans les premiers jours de vie de Yammer, un employé a posté une proposition très constructive de simplification du processus achat qui était unanimement reconnu comme trop complexe. C'est le directeur général en personne qui lui a répondu, à la vue de tous : « *ça n'est pas dans vos attributions, cette suggestion n'est pas acceptable* ». Immédiatement, les interactions se sont taries et plus personne n'a osé réagir à quoi que ce soit. En un post, ce DG avait stérilisé toute son entreprise.

« Ça ne fonctionnera pas chez nous »

Si les entreprises manquent d'imagination pour transformer les modes de collaboration et de communication de leurs salariés, elles n'en manquent pas en revanche pour donner des raisons justifiant leur refus de déployer un réseau social d'entreprise.

« *Nos salariés sont trop vieux* » est la raison numéro une qui est souvent avancée. Comme je l'explique dans toutes mes interventions, le temps ne fait rien à l'affaire : tout dépend de l'approche et de la stratégie de lancement du réseau social d'entreprise qui permettra de créer une dynamique, ou pas.

« *Notre entreprise est trop grande pour réussir à embarquer tout le monde* » : merci à Julien Tanguy-Legac et son témoignage sur son expérience chez Total Energies pour nous prouver que c'est en fait le contraire.

« *Les salariés n'iront pas* », c'était l'argument donné également dans les années 1990 par les personnes qui n'avaient pas envie d'utiliser d'ordinateur et la messagerie électronique. Les salariés utiliseront Yammer si le sujet est bien présenté et s'ils y trouvent un gain pour leur travail ou pour leur vie de collaborateur.

La liste n'est pas exhaustive.

Pourquoi utiliser Yammer, plutôt que Teams ?

Lorsque que Teams a été lancé par Microsoft en novembre 2016, tout le monde clamait que c'était la fin de Yammer.

C'était vraiment mal comprendre le positionnement des outils, puisque six ans plus tard, non seulement Yammer est toujours là, mais il a bénéficié entre temps d'un beau lifting et d'une seconde vie avec une intégration dans Teams, avec Viva Engage dont nous parlerons dans la suite de ce livre.

En termes d'ergonomie, tout le monde aura vu la différence entre Yammer et Teams. L'interface de Yammer est beaucoup plus aérée que Teams. Elle correspond beaucoup plus à un outil de communication, tandis que l'interface de Teams est plus resserrée : c'est plus un outil de travail.

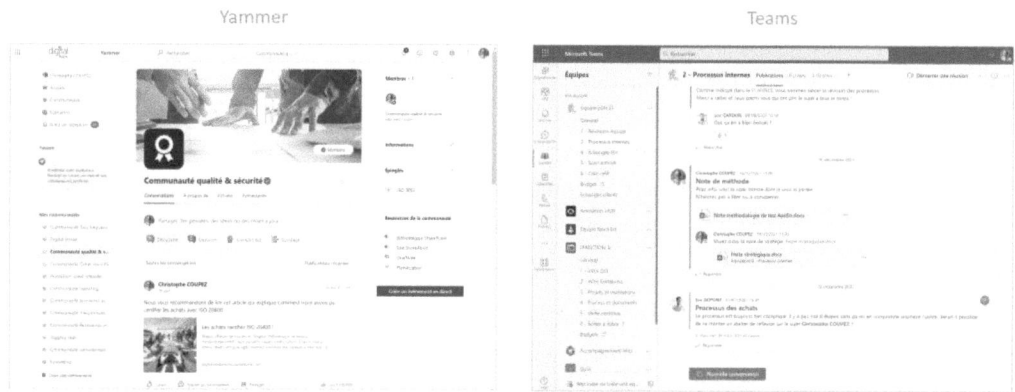

Le mur de conversation d'une communauté Yammer versus le mur de conversation d'un canal d'une équipe Teams

Yammer est conçu pour des sujets simples, qui se satisfont d'un seul mur de conversations, tandis que Teams est plus adapté pour traiter des sujets plus complexes, qui doivent se traiter au travers de plusieurs murs de conversations thématiques (= les canaux).

Yammer affiche aussi sa différence avec Teams au travers de plusieurs points importants.

- **Accès aux communautés publiques** : pas besoin d'être membre d'une communauté Yammer pour lire les messages, liker et les commenter. Ce n'est pas le cas de Teams qui impose d'être membre d'une équipe pour y entrer et lire les messages. C'est un avantage fondamental pour Yammer si on souhaite proposer des communautés thématiques sur tous les sujets et permettre aux collaborateurs de les découvrir de manière très libre.

- **Nombre de membres** : Yammer n'impose quasiment aucune limite en nombre de membres dans une communauté, alors que Teams n'autorise pas plus de 25 000 membres dans une équipe Teams. Pour la plupart des entreprises, la limite de Teams n'est pas un problème, mais pour de grands groupes, c'est une limite qui impose Yammer comme outil de communauté face à Teams.

- **Page d'accueil** : gros atouts de Yammer dans un contexte de publication, la page d'accueil de Yammer permet de voir tous les posts des communautés auxquelles l'utilisateur est abonné, dans l'ordre chronologique de leur publication. Autrement dit, en rentrant de vacances, il vous suffit de scroller la page d'accueil pour voir tous les messages postés dans vos différentes communautés. Teams ne peut pas rivaliser avec sa fonctionnalité « activité » très succincte.

Une communication zéro mail : réussir à passer du spamming d'entreprise à l'abonnement

Comme je l'ai expliqué au début de ce livre, en misant uniquement sur les mails pour porter la communication, l'entreprise se livre à du spamming généralisé. Les collaborateurs subissent sans choisir. Toute l'entreprise est arrosée, essentiellement parce qu'il est impossible, pour de nombreux sujets, de déterminer qui est concerné et encore moins, réellement intéressé.

Avec Yammer, on passe d'une stratégie de spamming, à une stratégie d'abonnement : c'est une stratégie de communication zéro mail. Chacun peut choisir dans le catalogue des communautés celles qui l'intéressent et dont il a besoin :

- *La communauté du processus achat, parce qu'il utilise le processus et qu'il veut être informé des évolutions et pouvoir poser des questions,*
- *La communauté des outils, pour la même raison,*
- *La communauté « empreinte carbone » parce qu'il se sent impliqué dans la démarche environnementale de son entreprise et qu'il veut participer, etc.*

Certaines communautés seront bien entendu « imposées ». Autrement dit, tous les salariés en seront membres sans possibilité de s'en désabonner. Ça sera le cas par exemple pour les communautés de communication importantes, ou pour des communautés comme celle consacrée à la cyber sécurité.

Lorsque j'évoque cette stratégie avec les responsables de communication, toutes les bonnes raisons me sont données pour me prouver que c'est une hérésie et que jamais cela ne pourra fonctionner. Voici quelques exemples, dont j'ai déjà parlé pour certains :

- « *Personne ne va dans Yammer donc personne en verra les communications* » : ce sera vrai si aucune démarche d'entreprise n'a positionné Yammer comme un outil de communication majeur et si aucun accompagnement à l'outil n'a été fait en ce sens.

- « *Avec le mail on est sûr de toucher les collaborateurs, alors que ce n'est pas le cas avec Yammer* » : c'est une erreur car, comme je l'ai déjà évoqué, avec le mail on est juste sûr d'avoir déposé le message dans les boîtes de réception, mais nullement sûr qu'il a été lu. Avec Yammer au contraire, on dispose de statistiques qui nous permettent de savoir le taux de lecture, comme nous le verrons plus tard. Mieux, si on a poussé lors du lancement du RSE la bonne pratique « *j'ai lu, je like* », on dispose de confirmations de lecture que nous ne pourrions pas rêver avoir avec le mail.

- « *Envoyer un mail est beaucoup plus simple* » : c'est en fait le contraire. Poster un message dans Yammer ne nécessite pas de définir une liste de destinataires : les destinataires sont les abonnés de la communauté. Et si on se rend compte d'une erreur dans le message, on peut immédiatement le corriger (« *modifier le post* ») ; ce qui n'est pas possible avec un mail. Et dans un post Yammer, on peut mettre en forme le texte, comme dans un mail, et joindre des documents. Et parce que le document est partagé et non « envoyé », l'impact en termes de stockage est limité au seul poids du document. A l'opposé, un document de 1 Mo en pièce jointe à un mail envoyé à 10 000 personnes, occupe 10 000 x 1 Mo = 10 Go sur l'infrastructure de messagerie.

- « *Les collaborateurs n'ont pas le temps d'aller dans Yammer* » : Yammer permet de consommer la communication justement quand on en a le temps, à la différence des mails qui tombent souvent comme une touffe de cheveux dans la soupe et dont on se débarrasse rapidement parce qu'ils nous gênent dans notre travail. C'est donc une autre manière de consommer la communication, qu'il faut expliquer et apprendre.
- « *Les collaborateurs ont besoin des mails : ce sont comme des notifications auxquelles ils tiennent beaucoup* ». C'est peut-être vrai pour certaines personnes. D'autres en revanche voient les mails de communication comme une pollution de leur boîte mails qu'ils essaient de réserver pour leur travail. Au contraire Yammer est un espace réservé pour la communication, avec des notifications claires, qui n'entrent pas en collision avec l'opérationnel.
- « *Ne rêvez pas : personne ne va s'abonner à des communautés* » : ce sera vrai pour certains salariés, les mêmes qui ne liront jamais les mails de communication parce qu'elles sont hermétiques, par posture. En revanche, certaines communautés seront vite indispensables dans la vie de l'entreprise. Par exemple, la communauté de support au processus des achats est indispensable pour celles et ceux qui utilisent ce processus. Ne pas s'abonner, c'est alors se priver de recevoir des informations sur le processus et ne pas pouvoir poser de questions car la sollicitation par mail sera interdite. C'est un choix à assumer car il n'y aura aucune alternative.

Retenez simplement que vous devrez faire un choix franc et net : soit rester sur la communication par mails uniquement, soit utiliser le réseau social d'entreprise. En effet, lancer un réseau social d'entreprise tout en continuant à envoyer des mails de communication, ça n'a aucun sens et cela aura trois impacts négatifs :

- Vous allez embrouiller vos salariés qui ne comprendront plus la logique : la communication passe par le mail ou Yammer finalement ? Ils se sentiront obligés de surveiller les deux canaux.
- Vous n'encouragez pas les utilisateurs à changer leurs habitudes car s'ils ne vont pas dans Yammer, ils continueront tout de même à être informés « à l'ancienne ».
- Vous allez doubler le travail des communicants car ils devront envoyer des mails ET en parallèle gérer les communautés Yammer. Une folie.

Intégration de Yammer dans le hub

Comme je l'ai déjà évoqué, la grande force de Microsoft 365 tient dans l'intégration des outils dans un même écosystème.

Yammer par exemple s'intègre parfaitement dans des pages SharePoint, au travers de « Web part » : ce sont des composants fonctionnels qu'on ajoute dans la page.

Cette intégration a un double intérêt. Le premier, c'est que dans un espace du hub (exemple, l'espace dédié aux outils de travail), il est possible d'intégrer physiquement le mur de discussion de la communauté associée. Ainsi, sans même quitter le hub, l'utilisateur peut réagir aux dernières publications ou même poser une question.

Le second intérêt, c'est de mettre en valeur le réseau social d'entreprise en l'intégrant dans le hub de l'entreprise. Pour un utilisateur, c'est beaucoup plus concret de voir le mur de discussion d'une communauté directement intégré dans une page, que d'afficher un bouton « accéder à la communauté ».

Exemple d'intégration d'une communauté Yammer dans la page d'accueil d'un espace thématique du hub : ici l'espace « cyber sécurité »

Cette relation entre SharePoint et Yammer est en tout cas encouragée par la fonctionnalité « *Promouvoir* » des pages SharePoint. En un clic, il est possible de « *pousser* » la page SharePoint dans une communauté Yammer, en tapant un petit texte d'accroche. Rien de plus simple à faire !

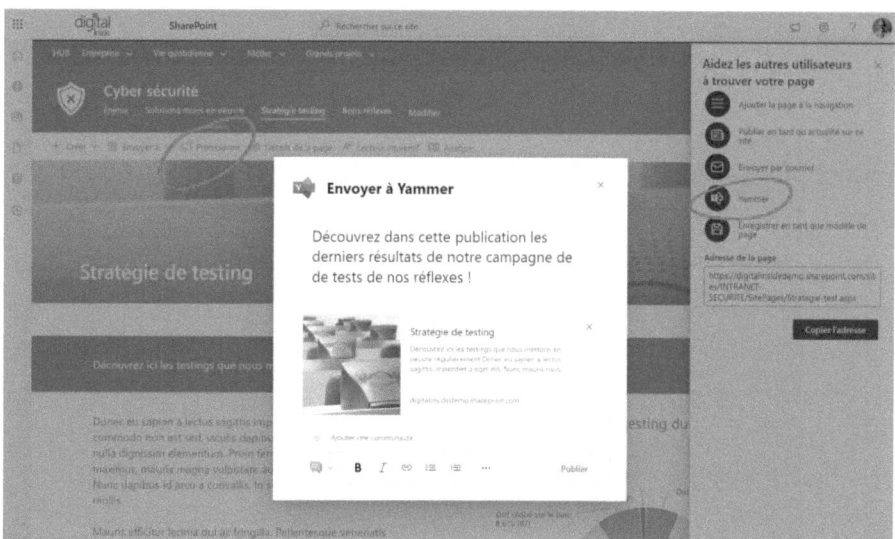

La fonctionnalité « promouvoir » d'une page SharePoint, qui permet de relayer une page dans une communauté Yammer

Pour autant, le centre de gravité de l'entreprise est plutôt dans Teams, qui est l'outil central de la collaboration opérationnelle. C'est pour cette raison que Microsoft a lancé l'outil **Viva Engage**, que nous allons découvrir dans le chapitre suivant, qui permet d'intégrer Yammer dans Teams. Avec Viva Engage, Teams acquière une dimension plus communicante et surtout, les utilisateurs n'ont pas à changer d'outils comme collaborer et communiquer.

La communauté « toute l'entreprise »

Voici un sujet très important.

Lorsque l'entreprise ouvre Yammer pour la toute première fois, il existe une communauté par défaut, qui s'appelle « toute l'entreprise » ou encore « All company » en anglais. Fort heureusement, il est désormais possible de lui donner un autre nom si vous le souhaitez et je vous y encourage.

Cette communauté est très particulière. Tous les collaborateurs en sont membres par défaut et obligatoirement. C'est un peu la communauté centrale de toute l'organisation, la communauté transverse par excellence. Personnellement, je l'appelle « le porte-voix » de l'entreprise.

Une communauté cruciale souvent laissée à l'abandon

Dans une grande majorité d'entreprises cette communauté est complètement ouverte. Autrement dit, tous les collaborateurs peuvent y poster tout ce qu'ils veulent.

On pourrait penser que la direction générale mène une politique d'ouverture courageuse et moderne. En fait, la réalité est souvent moins flatteuse : c'est plutôt la conséquence d'un cruel manque d'intérêt de la DG pour ce canal de communication et le signe d'un abandon pur et simple de Yammer par la direction de la communication interne.

Car le souci, c'est qu'entre publier un message dans une communauté thématique dont l'audience se résume à ses seuls membres et le mur central de la communauté « toute l'entreprise » ouvert à tous les salariés, le choix du collaborateur sera vite fait.

Pour cette raison, la communauté « toute l'entreprise » est souvent une joyeuse cacophonie où on y trouve des conversations sur un peu tout et n'importe quoi, postées par à peu près n'importe qui, sans réelle logique thématique ou éditoriale. Des messages importants côtoient des messages sans intérêt, ou si peu. Bref, c'est le foutoir.

La communauté « toute l'entreprise » doit être l'organe de communication officielle

Autant je suis favorable à l'ouverture des outils, mais sur ce sujet précisément, ma recommandation est que la direction de la communication interne doit s'approprier cette communauté particulièrement importante. Elle doit la préempter pour lui redonner ses lettres de noblesse et faire de cette communauté l'organe de communication officielle de l'entreprise.

C'est possible en activant un réglage qui réserve aux seuls administrateurs le droit d'y poster des messages. Pour autant, les collaborateurs pourront réagir aux posts, en faisant des « likes » ou écrivant des commentaires dans les conversations existantes. Mais ils ne pourront pas ouvrir par eux-mêmes de nouvelles conversations.

En contrepartie de cette préemption (car il doit y avoir une contrepartie à toute réduction des libertés), la direction de la communication interne doit exploiter cette communauté. Une communauté « toute l'entreprise » vide ou très peu active donnerait une image désastreuse de la vie d'entreprise.

L'équipe de la communication interne pourra y poster des messages d'entreprise, par exemple en relayant des billets d'actualités postées dans le hub d'entreprise. Mais surtout, cette communauté « toute l'entreprise » va permettre à la communication interne de jouer son rôle de mise en valeur des actualités du terrain et des initiatives des collaborateurs.

Pour cela, elle doit assurer une veille des publications dans les autres communautés (publiques) parmi les plus importantes pour l'entreprise, et « *partager* » certaines actualités dans le mur de « toute l'entreprise », pour leur donner un plus grand écho.

Par exemple, si dans la communauté « Empreinte carbone » dédiée aux initiatives de réduction de l'empreinte carbone, un message a été posté par ses animateurs pour annoncer une action importante ayant eu des résultats très positifs, la direction de la communication interne pourra la partager dans la communauté « toute l'entreprise » pour lui donner une audience plus large. C'est un peu le principe du « Retweet » de Twitter.

En partageant cette conversation dans le mur de « toute l'entreprise », elle met en visibilité de tous les salariés cette information qui n'auraient été vues dans le cas contraire que par les seuls membres de la communauté « Empreinte carbone ». Surtout, en faisant cela, elle met également en visibilité cette communauté, ce qui encouragera peut-être d'autres salariés à devenir membres et à s'impliquer dans cette démarche.

Bref, il est à mon sens capital que la direction de la communication interne s'approprie Yammer, le réseau social d'entreprise, et intègre l'outil dans sa stratégie éditoriale globale. Elle doit le faire à la fois pour informer mais aussi pour relayer les informations du terrain, et ainsi générer une saine émulation au sein de l'entreprise autour de l'implication et de l'engagement.

Des comptes utilisateurs dédiés pour la communication

Voici un sujet qui va faire bondir les responsables des comptes utilisateurs de l'entreprise et les RSSI (Responsables Sécurité des Systèmes d'Information). Et pourtant, on aborde ici une clé de succès non négligeable d'un réseau social d'entreprise avec Yammer.

Le principe de Yammer repose sur le principe du « mur de conversation » qui a été inventé avec les premières versions de Facebook il y a près de vingt ans déjà. Chaque conversation affiche le nom de la personne qui l'a postée, avec sa photo de profil. Exemple :

La difficulté que l'on rencontre dans l'usage de Yammer, c'est qu'il est compliqué, dans les différentes publications dans une communauté, de faire la distinction entre le quidam qui poste un message de son propre chef, et le collaborateur en charge officiellement de la communication de l'entreprise qui publie un message corporate.

Prenons l'exemple de la communauté « toute l'entreprise » que nous venons d'évoquer. **Martine DUPUIS** est une collaboratrice de la direction de la communication interne : elle poste des messages « corporate » dans la communauté pour informer les collaborateurs. Si cette communauté est ouverte à toute l'entreprise en contribution, d'autres collaborateurs vont aussi poster des messages. Mais comment faire la distinction entre les messages officiels postés par Martine, représentante légitime de la communication interne, et un message posté par une personne lambda qui cherche simplement de l'aide sur Excel ?

Il manque une fonctionnalité dans Yammer qui permettrait, pour chaque communauté, d'afficher pour les utilisateurs « propriétaires » une mention ou un symbole indiquant qu'ils sont des contributeurs « officiels » de la communauté.

A défaut de cette fonctionnalité, il existe une solution qui passe par la création d'un compte Microsoft 365 anonymisé, qui n'est pas rattaché à une personne physique, mais à un rôle. Dans le cas précédent, on l'appellera par exemple « **COMMUNICATION INTERNE** » et on lui associera le logo de l'entreprise.

Les acteurs de la communication interne pourraient utiliser ce compte pour publier un message dans Yammer au nom de l'entreprise. Qu'importe si Martine est absente, son collègue Nicolas pourra endosser le compte et poster les messages au nom de l'entreprise. Vis-à-vis des collaborateurs, le message posté avec ce compte ne permet plus de doute : il s'agit bien d'un message « officiel » posté par la communication interne.

C'est ce que **Julien Tanguy-Legac**, chef de service User Experience / Transition chez TOTAL ENERGIES a mise en place pour son « Captain Office », avec le succès qu'il décrit dans son témoignage en page 101 & 102.

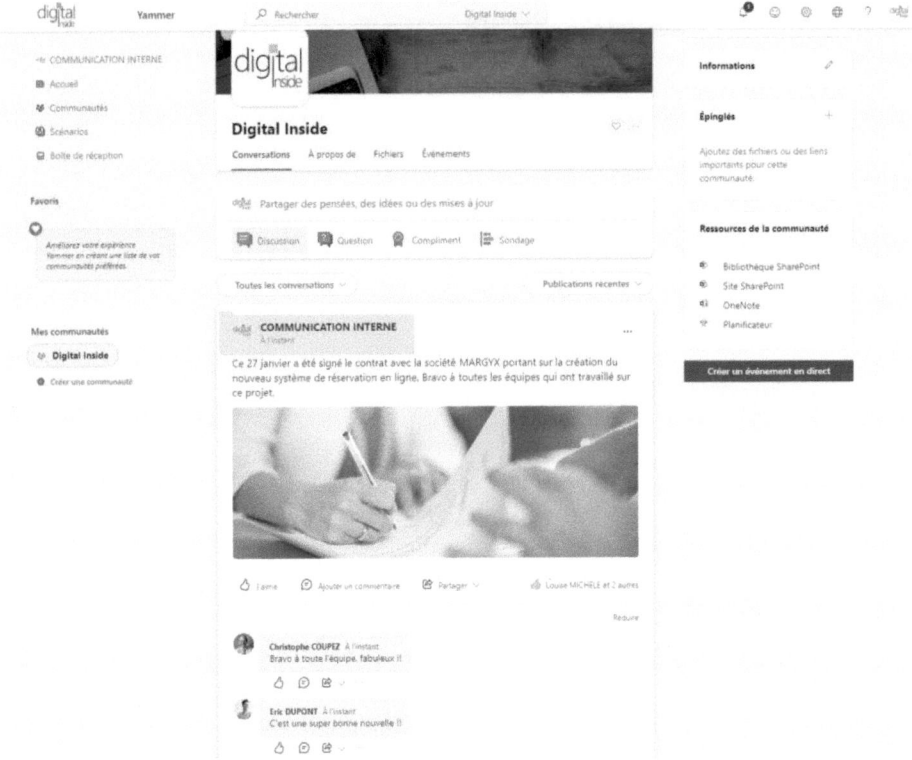

Exemple d'une communication « officielle » postée dans la communauté « toute l'entreprise » (ici rebaptisée) avec un compte intitulé « Communication interne »

Il y a juste un souci dans ce que je décris ici : c'est que ce petit arrangement est rigoureusement interdit dans la plupart des entreprises, particulièrement les plus grandes. La principale raison est que chaque compte utilisateur doit être associé à un individu dûment identifié. A vous de jouer !

Le suivi des indicateurs

J'en ai parlé : la grande crainte des responsables de communication, en abandonnant la communication par mail, c'est de ne plus « toucher » les salariés.

Dans la réalité, comme je l'ai évoqué, envoyer un mail à toute l'entreprise ne garantit en rien que le message est lu : on est juste sûr qu'il a été déposé dans les boîtes de réception. Une fois le message déposé, ce qu'il devient est une grande inconnue.

Non seulement l'utilisation de la messagerie ne garantit pas que le message est lu, mais en plus, sauf à utiliser des outils de mailing professionnel, Outlook ne permet pas de connaître le taux de lecture réel des mails. Sur ce point, Yammer offre une avancée importante, sur trois niveaux.

Des indicateurs de lecture des messages

Tout d'abord, vous disposez **d'indicateurs de lecture** pour chaque message déposé dans une communauté. Vous saurez ainsi combien il y a eu « d'impression » du message (= nombre de personnes qui ont vu le message), mais aussi le nombre de réactions (likes), de commentaires, et le nombre de « partages » du message (l'équivalent du RT de Twitter).

Le nombre de personnes ayant vu le message est affiché en haut à droite comme indiqué ci-dessous. Cliquez sur le lien positionné dessus pour afficher le détail.

En cliquant, vous accédez à un détail des statistiques de ce message en particulier :

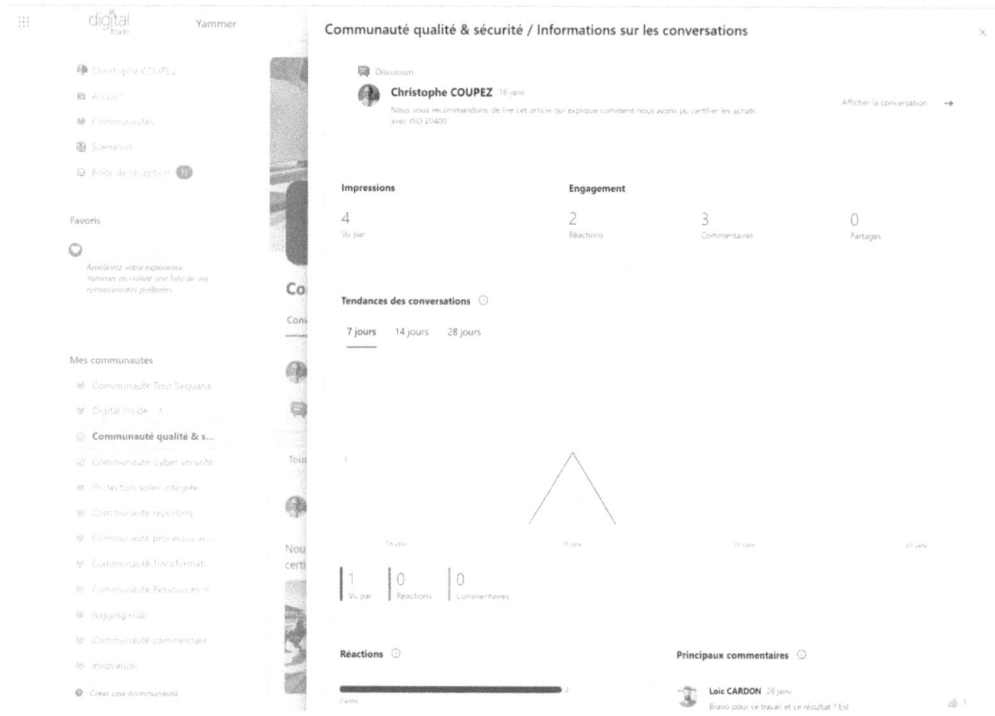

Statistiques de la communauté

Yammer propose également des statistiques détaillées sur les 7 et 28 derniers jours, sur l'activité de la communauté : nombre de membres actifs et non actifs, nombre de messages publiés & nombre de messages lus, nombre de réactions…

Pour cela, cliquez sur l'onglet « *à propos* » de la communauté : des premières informations apparaissent.

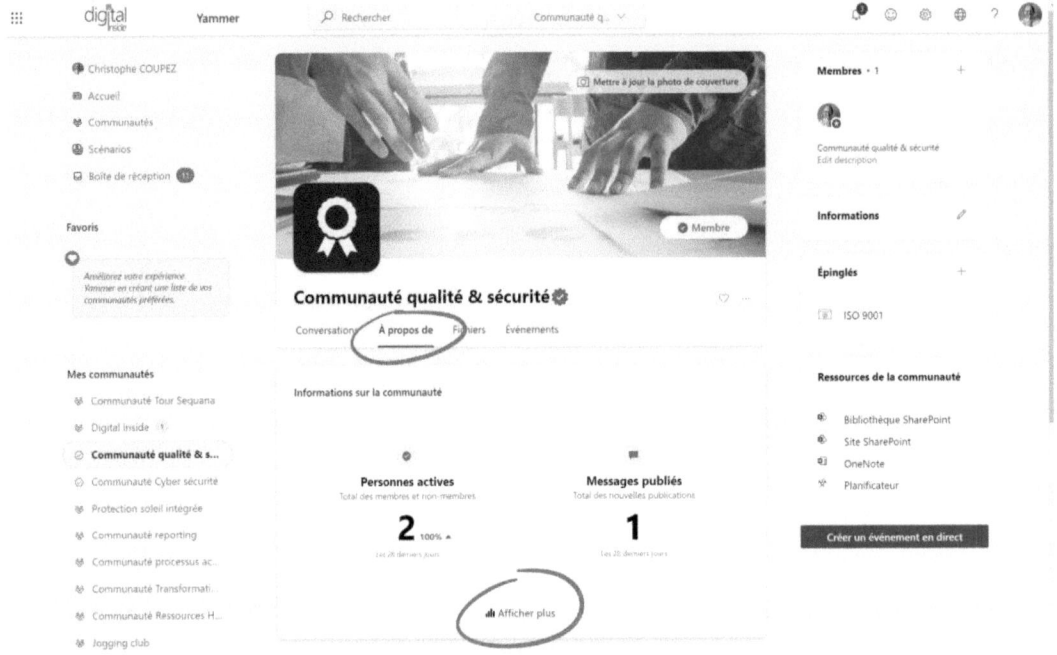

Accéder aux statistiques de base de la communauté

Vous pouvez avoir des informations plus détaillées en cliquant ensuite sur « *Afficher plus* » :

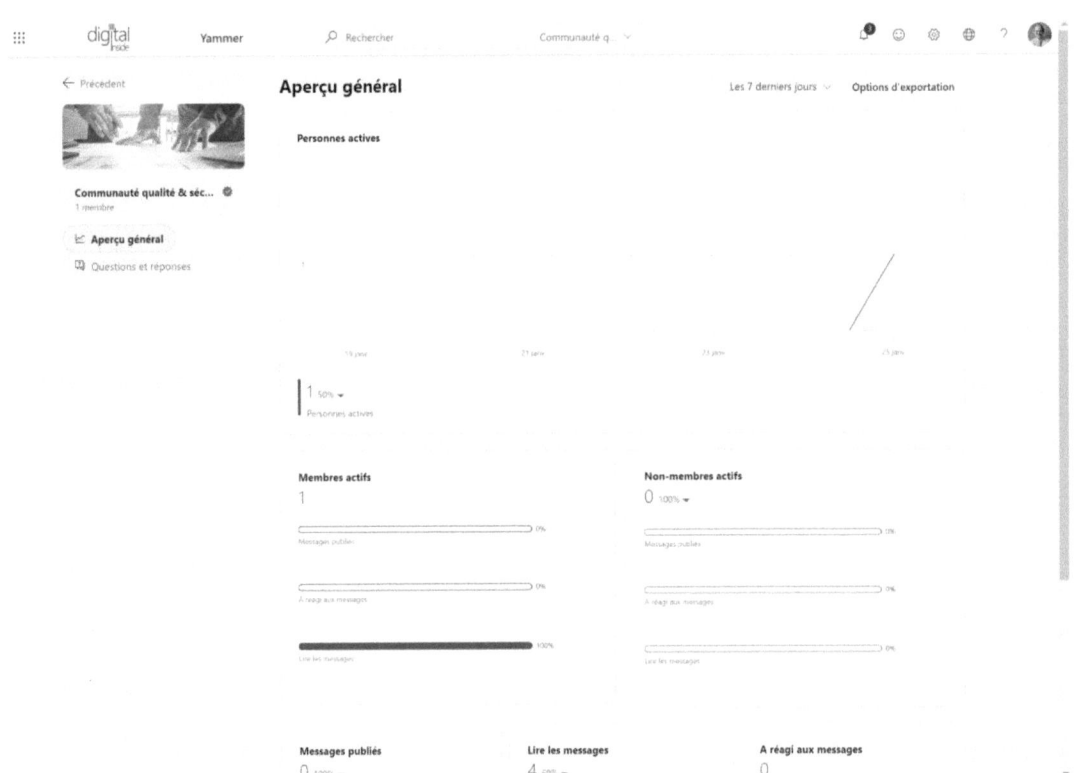

Les statistiques détaillées de la communauté

Les likes sur les conversations

Enfin, si l'accompagnement au déploiement de Yammer a été correctement fait, une bonne pratique toute simple aura été poussée aux collaborateurs.

C'est ce que j'appelle le « *j'ai lu = je like* ». L'utilisation du like au sein de l'entreprise peut être une convention puissance de confirmation de lecture. En tout état de cause, le nombre de likes est un bon indicateur de lecture et de prise en compte du message. Une fonctionnalité tout simplement impossible avec la messagerie.

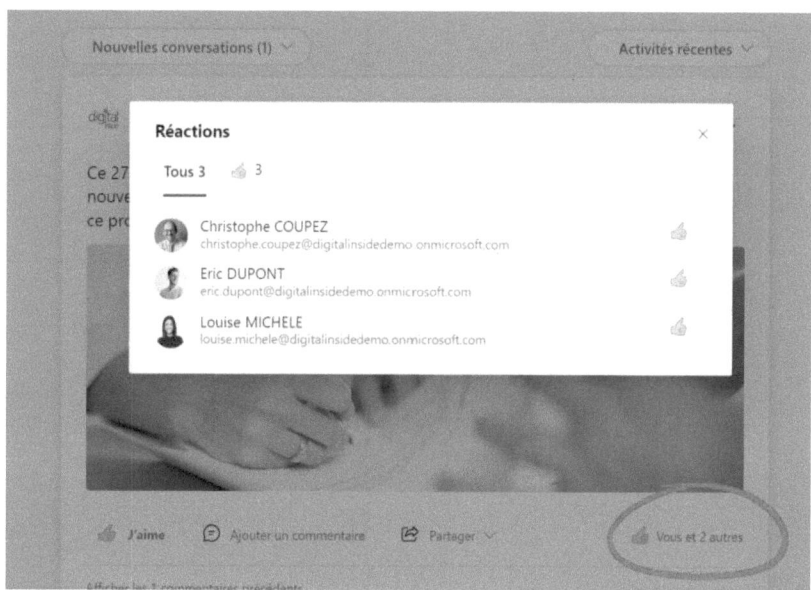

Affichage du nombre de likes sur un message

En conclusion

Si le besoin de la direction de la communication interne de l'entreprise est de « toucher » les collaborateurs, Yammer donne des moyens pour mesurer concrètement cet objectif, ce que n'offre pas du tout une stratégie basée sur les mails.

Pourtant, lorsque je présente ces fonctionnalités de statistiques intégrées nativement dans Yammer, on me dit parfois que « *ce n'est pas suffisant et qu'il manque des données indispensables pour une direction de la communication interne* ».

Certes, mais rappelons simplement qu'actuellement, avec simplement des envois de mails, l'entreprise ne dispose tout simplement d'aucune donnée de cette sorte.

Il est bien sûr possible d'obtenir des données plus détaillées sur les statistiques, notamment en explorant les taux de lecture par appartenance à des directions par exemple mais cela nécessite un outil tiers (payant) : je recommande particulièrement la solution https://tryane.com/ si tel est votre besoin.

Le déploiement du RSE

L'art et la manière de déployer un RSE pourrait faire l'objet d'un livre tant il y a de choses à expliquer et à dire sur le sujet. En fait, le déploiement d'un RSE est « un projet dans le projet » de la transformation digitale de l'entreprise, qu'il ne faut pas aborder à la légère.

Il y a plusieurs choses à voir pour réussir le déploiement. En voici simplement quelques exemples, mais la liste n'est pas exhaustive :

- **La définition d'une posture** : souhaite-t-on une communication « à l'ancienne » top-down (et dans ce cas, un RSE n'est pas la bonne solution), ou plutôt une stratégie de « mise en mouvement » de l'entreprise, en donnant la capacité aux collaborateurs de s'impliquer ?
- **Le choix de l'outil** : mais comme je l'ai dit, si une entreprise dispose déjà de licences Microsoft 365, choisir autre chose que Yammer, c'est faire une croix sur toutes les opportunités d'intégration du réseau social d'entreprise dans l'écosystème de l'entreprise, sans même parler des coûts annuels de licence supplémentaires qui est presque un sujet annexe par rapport au premier point.
- **La mise en place d'une architecture de communautés** thématiques à créer qui pourraient être susceptibles de lancer l'intérêt pour le réseau social d'entreprise (une sorte d'offre de lancement), et par la mise en place d'une gouvernance.
- **La stratégie d'intégration de Yammer** dans l'écosystème digitale de l'entreprise : intégration des communautés dans le hub, intégration dans Teams avec Viva Engage.
- **La définition d'une stratégie de déploiement**, au travers d'une sensibilisation des collaborateurs, mais aussi d'un réseau d'ambassadeurs et de référents.
- **La formation des salariés** pour en expliquer le bon usage, les bonnes pratiques. Sans oublier le coaching des managers pour leur expliquer la conduite à tenir dans un Réseau Social d'Entreprise et le rôle qu'on attend d'eux. Yammer fait partie de la solution « les essentiels 365 » proposée par Abalon.
- **L'indispensable implication des dirigeants** : c'est le point suivant.

L'indispensable implication des dirigeants

Sur internet, les réseaux sociaux ont révolutionné la notion de proximité entre les individus.

Beaucoup de VIPs du milieu politique, économique ou du showbiz gèrent eux-mêmes (ou presque) leurs comptes de réseaux sociaux. Ces personnes publient leurs messages, réagissent aux posts d'autres personnes. Chaque action et réaction est presque un acte politique.

Un dirigeant de grande entreprise qui n'aurait pas son compte Twitter passerait pour une personne frappée d'électronisme, ce qui ne serait pas de bon augure pour imaginer l'avenir de l'entreprise qui s'appuie souvent sur l'innovation et la technologie. C'est un peu réducteur pourtant, car on peut être très à l'aise avec les outils informatiques et être complètement nul en communication.

Ça, c'est sur Internet, mais quand on ouvre la porte des entreprises, tout est différent.

Dans les grandes entreprises, les dirigeants ne cultivent pas la même proximité avec leurs salariés. C'est souvent une volonté personnelle (le culte du pharaon) mais pour une partie d'entre eux, c'est plutôt la conséquence d'un manque d'outil.

Je m'explique : si un dirigeant ne dispose que de la messagerie pour s'adresser à ses salariés, on l'imagine mal prendre son clavier pour envoyer de temps en temps un mail à toute l'entreprise. Imaginez si tout le monde lui répondait ! Les communications sont donc diffusées par d'autres canaux, de manière indirecte et impersonnelle (via l'intranet le plus souvent) ce qui en réduit la portée et surtout, ce qui diminue la proximité du dirigeant avec ses salariés.

Pourtant, cette proximité est importante à de nombreux égards. Elle montre l'écoute du dirigeant, son implication dans le quotidien des salariés et sa capacité à rester à leur niveau. De tout temps, cette proximité a galvanisé les hommes : pendant le premier empire, Napoléon en a usé pour gagner l'adhésion de ses troupes.

L'interaction entre le dirigeant et les membres de son comité de direction et les salariés ne devient possible qu'à partir du moment où une solution de type réseau social d'entreprise (RSE) se met en place. Seuls les RSE offrent une opportunité aux dirigeants, PDG, membres du CODIR et grands directeurs/directrices de se manifester et de montrer leur propre engagement.

Dans une entreprise dont je devais accompagner le lancement de Yammer, mon meilleur allié était le Directeur Général lui-même : régulièrement, il prenait son clavier, postait lui-même des messages pour faire des annonces importantes, sans que je ne lui demande rien. Il suivait les communautés qui portaient des chantiers de co-construction liés à la transformation profonde du métier de l'entreprise, likait certaines interventions ou les commentait pour féliciter ou apporter son soutien. Certains membres de son CODIR faisaient de même. Pas tous malheureusement, pas assez.

On le sait pourtant, la reconnaissance est un besoin vital pour les collaborateurs. Un « like » du dirigeant sur un message de réseau social d'entreprise est vécu par beaucoup comme une récompense ultime et un fort encouragement. Cela contribue à l'engagement des salariés. Cela créé une dynamique et une émulation bienveillante.

Malheureusement, les dirigeants, membres du CODIR et directeurs restent frileux, voir méfiants ou carrément hostiles face à ce type de scénario. Ou plus simplement, ils ne s'intéressent même pas à la question.

Si les nouveaux outils offrent donc indéniablement de nouvelles opportunités en termes de communication au sein de l'entreprise, il faut que postures et culture d'entreprise suivent le mouvement. Déployer une solution technique est simple mais changer les postures est beaucoup plus difficile. En particulier quand il s'agit des dirigeants.

La place de Teams dans la communication interne

Nous avons parlé du hub d'entreprise (avec SharePoint), du réseau social d'entreprise (avec Yammer), mais nous n'avons pas encore parlé de Teams.

Microsoft Teams est une solution désormais bien connue dans les entreprises, surtout après les périodes de confinement qui ont fait entrer l'outil au chausse pieds dans la plupart des sociétés, mêmes les plus frileuses.

Nous allons voir dans ce chapitre que Microsoft Teams tient une place importante dans la stratégie de communication de l'entreprise. L'outil peut en être le fer de lance (à la place de Yammer – nous verrons dans quelles conditions) mais il en sera surtout un complément indispensable, comme nous le verrons avec les solutions Viva.

Le prérequis : comprendre les réels enjeux de Microsoft 365 (avec Teams) pour l'entreprise

Certes, ce livre est consacré à la stratégie de communication. Mais comme je l'ai dit dans les pages précédentes et comme nous allons le découvrir de manière très factuelle dans les pages suivantes, communication et collaboration sont désormais étroitement liés. Comprendre les enjeux de Microsoft 365 dans ces deux domaines est un prérequis pour prendre des décisions éclairées.

Malheureusement, et je ne suis pas le seul à le dire, une grande majorité des dirigeants et décideurs sous estiment complètement les enjeux réels de Microsoft 365 (et Teams) pour leur entreprise. Cela s'explique par un manque d'intérêt de leur part, tout simplement parce qu'il y rarement un visionnaire dans l'entreprise d'un niveau hiérarchique suffisant pour leur expliquer et défendre ce sujet.

Lorsque je croise des dirigeants et que je leur demande s'ils ont déployé Microsoft 365 et si les salariés l'utilisent, on me répond très souvent « *oui* » sans aucune hésitation. Et lorsque je mène mon audit des usages, je me rends compte que les collaborateurs utilisent Teams uniquement pour les réunions et pour chatter avec des collègues (comme on le faisait avec Skype). Au-delà de Teams, très souvent personne ne connait les autres outils de Microsoft 365 comme Planner, Lists, OneNote, To Do, … ces fameux Essentiels 365 comme notre société Abalon les appelle.

Or ces outils sont autant indispensables que Microsoft Teams pour réellement changer le scénario de travail des salariés.

C'est uniquement au travers de ces nouveaux « scénarios » que l'entreprise gagnera des gains de productivité collective et individuelle. Vous pourrez découvrir des exemples dans la rubrique « exemples de scénarios » du site digital-inside.fr : animer un projet, la vie d'une équipe, une démarche, l'innovation, … Et si vous voulez en savoir plus sur ce sujet, je vous invite à lire mon précédent livre « Le digital interne en entreprise » qui décrit en détail tous les enjeux de Microsoft 365.

Au lieu de cela, je constate au cours de mes audits que les scénarios de collaboration et de communication sont toujours ceux des années 1990 : les salariés (dirigeants, décideurs et managers en tête) continuent massivement à s'envoyer des mails en utilisant en parallèle les bons vieux serveurs de fichiers. Bref, ils n'utilisent qu'à peine 5% de la puissance de Microsoft 365. Et encore.

J'ai toujours trouvé surprenant que des dirigeants, d'ordinaire toujours très attentifs au retour sur investissement (ROI) de chaque euro dépensé ne s'interrogent pas plus sur celui des licences Microsoft 365 qu'ils paient chaque mois, alors qu'il leur est si facile de constater au quotidien que rien n'a changé dans leurs habitudes de partage et de communication.

Une chose est certaine : pour comprendre l'intérêt de Teams dans votre stratégie de communication d'entreprise il faut comprendre l'intérêt d'utiliser Microsoft Teams plutôt que la messagerie pour tous les dialogues au quotidien.

Pour cela, voyez ma vidéo « Pourquoi Teams est plus efficace que la messagerie » disponible sur mon site https://www.digital-inside.fr/videos.

Pourquoi ne pas utiliser Teams pour communiquer, plutôt que Yammer ?

La question est légitime. En fait, si Yammer est une formidable caisse de résonance pour communiquer mais aussi pour relayer des démarches et des initiatives, le choix de Yammer plutôt que Teams comme outil de communication peut se poser dans certaines circonstances, pour trois raisons.

La première raison, c'est « la masse critique » du nombre d'utilisateurs qui vont utiliser Yammer. Le réseau social d'entreprise Yammer fonctionne d'autant mieux que les effectifs sont importants. Par exemple, créer des communautés avec trois ou quatre membres, est-ce bien efficace ? Sur ce sujet, le témoignage de Patrick GUIMONET, fondateur de la société Abalon, est une bonne illustration.

La seconde raison, et à mon avis la plus importante, c'est la faiblesse de l'accompagnement des utilisateurs. Dans certaines entreprises, le déploiement des usages digitaux est vraiment laborieux : manque d'ambition au déploiement et donc manque de moyens, absence de stratégie, absence de sensibilisation et de formation, …. Dans ces sociétés, lancer les nouveaux usages avec Teams est déjà très compliqué : alors lancer en parallèle Yammer ? Oublions : mieux vaut se concentrer sur Teams.

La troisième raison, c'est tout simplement le rejet pur et simple par la Direction Générale du concept du réseau social d'entreprise, soit par méconnaissance, soit par frilosité managériale, soit par simple posture (un terme politiquement correct pour dire qu'il n'y a pas vraiment de raison).

Dans ces cas, Teams peut se substituer à Yammer pour la communication et pour les usages que nous avons évoqués dans le chapitre précédent.

Patrick Guimonet

Fondateur et dirigeant d'Abalon, MVP Microsoft 365
Architecte de Solutions d'Entreprise
Conférencier international (aMS, MWCP)

La communication interne chez Abalon

Abalon est une entreprise familiale à taille humaine. Nous sommes une trentaine de consultants spécialisés sur toute la chaîne de valeur de Microsoft 365.

La communication et la collaboration internes se concentrent dans l'outil Teams.

Entre les collaborateurs d'Abalon ce n'est pas que les mails sont prohibés, c'est juste que personne n'aurait l'idée d'en envoyer à un collègue car toute notre activité, que ce soient nos projets avec les clients, notre veille technologique, nos entraides mutuelles et bien sûr la communication de la Direction et entre consultants se fait avec Teams.

De ce fait, la messagerie est réservée aux échanges avec des prospects qui prennent contact avec nous par ce moyen avant d'engager les projets que nous animons avec eux avec Teams.

Pour ces raisons, aucun mail n'est nécessaire pour la communication interne. Tout se passe via une équipe Teams bien nommée « Abalon - communication interne » qui rassemble tous les collaborateurs. Elle contient plusieurs canaux qui centralisent tous les échanges généraux en plusieurs thèmes.

Il y a bien entendu un canal général pour les informations venant de la Direction, un canal pour les informations RH animé par notre équipe administrative, mais aussi des canaux sur des événements internes (voyages, repas, …). Nous avons également des canaux pour partager des réflexions sur notre domaine d'activité ou au contraire sur nos réalisations personnelles en dehors de notre travail.

Pour les canaux importants (RH ou communication générale) nous avons une convention : « j'ai vu = je like ». Ainsi nous savons précisément si tous nos collaborateurs ont bien pris en compte les messages importants, notamment les messages RH. Un accusé réception difficile à envisager avec la messagerie.

La communication avec Teams

Lorsque vous créez une équipe Teams, vous devez choisir le type d'équipe : privée ou publique. Et si vous avez des droits d'administrateur une troisième option vous est proposée : équipe à l'échelle de l'organisation.

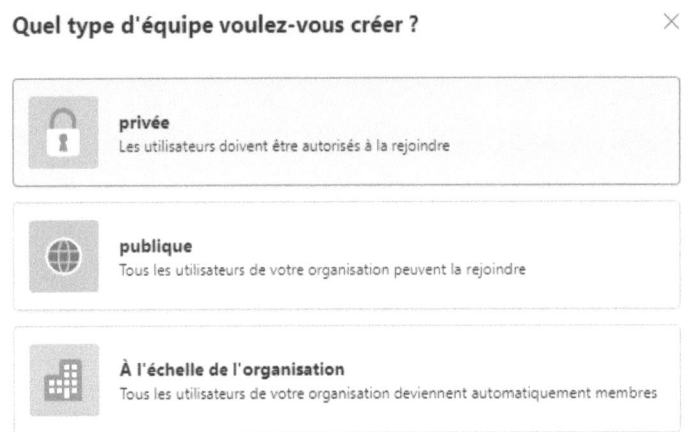

Nous allons ensemble explorer l'impact de ces choix sur votre communication d'entreprise, avec Microsoft Teams.

Les équipes à l'échelle de l'organisation

Comme la communauté « toute l'entreprise » avec Yammer, par défaut, une équipe Teams « à l'échelle de l'organisation » apparaît automatiquement lorsque votre environnement Microsoft 365 est créé.

La particularité de ces équipes, c'est que toutes les personnes de l'entreprise disposant d'un compte Microsoft 365 en sont membres d'office et il n'y a rien à gérer : les nouveaux arrivants sont ajoutés automatiquement comme membres, et les personnes qui sortent de l'entreprise en sont retirées.

Ces équipes Teams « à l'échelle de l'organisation » sont donc parfaites pour porter la communication de l'entreprise.

On peut imaginer plusieurs canaux comme l'explique Patrick Guimonet dans son témoignage : un canal pour la communication générale, un autre pour les informations « ressources humaines », etc.

En revanche, la règle essentielle est que toute la communication interne doit exclusivement passer par ces canaux : plus aucune communication ne doit être faite par la messagerie.

Marie-Eve DHUICQUE, directrice administrative de la CAVP a la même approche, avec un automatisme supplémentaire pour relayer en un clic dans les bons canaux les pages d'actualité publiées dans le hub de l'entreprise. Pour cela, on utilise Power Automate, comme elle l'explique dans son témoignage en page 85.

Attention cependant, gardez à l'esprit qu'il ne peut y avoir au maximum que **cinq équipes Teams à l'échelle de l'organisation dans votre entreprise**. Il ne s'agit donc pas de ne créer uniquement que des équipes Teams « à l'échelle de l'organisation » pour cibler toute l'entreprise sur chaque sujet, cela n'aurait aucun sens.

Les équipe « publiques »

Personne n'est membre par défaut d'une équipe publique, mais contrairement aux équipes privées, n'importe qui peut en devenir membre par un simple clic pour « rejoindre l'équipe » sans demander aucune validation.

Les équipes Teams « publiques » peuvent être utilisées pour porter des thématiques ou par exemple apporter un support sur des outils.

Prenons l'exemple du support à Microsoft 365 : on peut imaginer une équipe Teams « Support Microsoft 365 » avec un canal par outil pour canaliser les communications sur chaque outil et les questions posées par les utilisateurs. Chaque collaborateur pourra rejoindre cette équipe pour être informé des actualités des outils, des bonnes pratiques poussées par les animateurs de la démarche, mais aussi pour poser des questions sur les outils. C'est ce que Christophe LAIGLE a mis en place dans la société La Poste, comme il nous l'explique dans son témoignage (page ci-contre).

En revanche, les équipes Teams « publiques » ne sont pas équivalentes en logique d'accès aux communautés Yammer publiques. Autant n'importe qui peut lire les posts d'une communauté Yammer publique et même réagir sans en être membre, autant il faut impérativement être membre d'une équipe Teams pour en voir le contenu et réagir.

Pour le dire autrement et de façon plus imagée :

- **Une communauté publique Yammer** c'est une salle de réunion en libre accès dans laquelle vous pouvez entrer les mains dans les poches, donner votre avis et ressortir.
- **Une équipe publique Teams**, c'est une salle de réunion avec un vigile à l'entrée qui vous demande d'inscrire votre identité et d'adhérer au sujet avant de vous laisser entrer.

Sur un plan de pure communication et en termes de logique d'adhésion, c'est une approche très différente qu'il faut garder en tête.

Les équipe « privées »

Comme son nom l'indique, une équipe privée est réservée à une liste sélectionnée de personnes. Le propriétaire de l'équipe Teams choisit lui-même les membres de l'équipe : ces personnes pourront alors accéder au contenu de l'équipe, voir les messages et les documents.

Les équipes Teams privées sont utiles pour gérer des sujets qui ne concernent qu'un cercle bien identifié de personnes, que ce soient les membres d'une petite équipe ou les collaborateurs de toute une direction.

Ces équipes privées sont plus utilisées dans le cadre des projets et de l'animation de la vie des entités, que pour faire de la communication transverse d'entreprise ou pour animer des communautés d'intérêt.

Christophe LAIGLE

Responsable Méthode et Qualité chez La Poste

La communauté Microsoft La Poste

En 2018, au début du déploiement au sein de La Poste Groupe de .com1 (le nom postal de Microsoft 365), j'étais ambassadeur numérique. J'ai créé une équipe Teams "Communauté Microsoft La Poste" pour permettre aux personnes que j'accompagnais de s'approprier ce nouvel outil.

A chaque session d'accompagnement, je conviais les participants à rejoindre cette équipe, pour leur permettre de tester et d'expérimenter. Au fil des mois, je me suis rendu compte que de nombreux postiers rejoignaient cette équipe sans même que je les y invite. Comme l'équipe Teams est publique ; il suffit d'avoir le lien ou d'en connaître le nom pour la rejoindre.

Mi 2019, la communauté atteignait 1300 postiers, fin 2020, la barre des 5000 était passée. Nous sommes aujourd'hui près de 7000 à échanger quotidiennement avec 2/3 de membres actifs dans le mois écoulé. Avec le nombre croissant de membres, en juillet 2019 nous avons structuré notre communauté avec un canal par application. Il y en a aujourd'hui une quinzaine.

Au quotidien, chacun y pose ses questions, apporte ses réponses, complète, débat, se questionne, toujours dans un souci d'apporter des réponses qualifiées de qualité et de faire grandir le collectif.

Certains canaux sont extrêmement techniques, comme ceux autour de la Power Platform. C'est la richesse de la communauté : certains répondent dans les canaux des outils qu'ils maîtrisent et posent des questions dans les canaux des outils qu'ils maîtrisent moins. On aide un jour, on est aidé le lendemain ... le principe même d'une communauté et de la coopération.

Il y a un très grand respect des membres les uns envers les autres (en 3 ans de modération, une seule intervention nécessaire pour recadrer un membre). Personne n'a dans sa fiche de fonction ou ses objectifs annuels l'animation de cette communauté ; c'est un pur produit collaboratif spontané.

Cette communauté s'inscrit dans un dispositif de communication et d'accompagnement du changement beaucoup plus large. Nous sommes 245 000 postiers au sein du groupe : les ressources humaines et digitales sont riches pour accompagner chacun, à son rythme, selon ses besoins.

Ainsi, sur le portail de l'entreprise, le site M@ Transformation Numérique, apporte les ressources structurées ; c'est la vitrine de l'accompagnement. Plusieurs communautés Yammer complètent le dispositif, pour une entrée plus simple et des questions moins techniques que celles qu'on trouve dans l'équipe Teams.

Des webconférences et des formations 'classiques' sont disponibles. Et bien entendu, nous avons un réseau humain, avec les ambassadeurs .com1, pour accompagner cette transformation numérique interne d'envergure.

La communication, les métiers & Teams

Dans ce livre, je ne parle que de la communication interne d'entreprise.

Mais ce n'est qu'un sujet parmi tous les autres liés à la transformation digitale interne, car comme je l'explique dans mon billet « Microsoft 365 : tout est lié » postés dans le site Digital-inside.fr, tout est lié :

- *Stratégie de collaboration*
- *Stratégie de partage*
- *Stratégie de communication*
- *Stratégie documentaire*
- *Processus d'entreprise*
- *Sécurité,*
- *Maîtrise de la conformité RGPD*
- …

Communication et métier sont étroitement liés

Impossible dans ce livre de faire un point exhaustif complet sur les stratégies à mettre en place pour aider les métiers à mieux collaborer, mieux partager, être plus agile et plus réactif avec Microsoft 365. J'ai déjà abordé le sujet dans mon livre « Le digital interne en entreprise » .

En revanche, il est intéressant d'évoquer l'étroite relation, souvent ignorée ou sous-estimée entre le périmètre de ce qu'on considère être celui de la communication interne et le périmètre du métier. En fait, ces deux périmètres se recouvrent beaucoup plus qu'on ne le pense et Microsoft 365 permet de les marier.

Illustration : une équipe de techniciens et un site QSE

Pour illustrer mes propos, voyons un exemple tiré d'un cas réel d'une de mes missions. Il s'agit d'une société qui réalise des interventions techniques dans des espaces confinés (égouts, sous-sols, caves, …) sur des systèmes techniques utilisant des produits potentiellement dangereux (corrosifs, explosifs, toxiques, cancérigènes).

Ces produits dangereux sont classifiés, décrits et présentés dans un espace QSE (Qualité Sécurité Environnement) du hub d'entreprise, géré par l'équipe qualité. La responsabilité de cette équipe est lourde : elle doit mettre à jour toutes les informations sur ces sujets de sécurité et en particulier, elle doit maintenir à jour une liste des produits dangereux dans un objectif de sécurité des salariés.

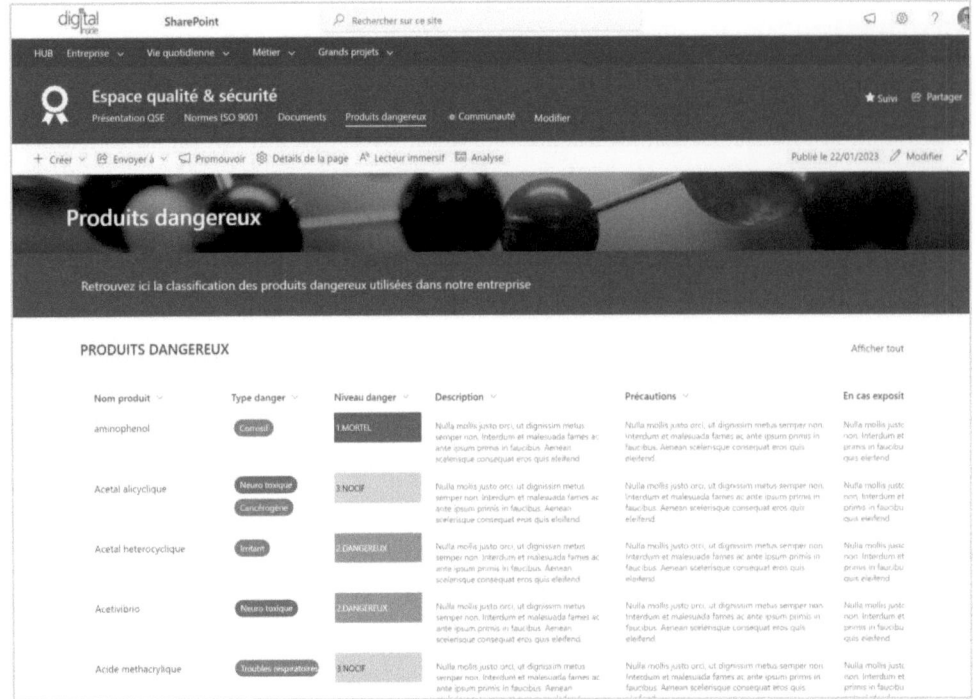

La rubrique (factice) des produits dangereux exposée dans l'espace QSE du hub d'entreprise

Pour faire les interventions partout sur la France, plusieurs équipes de techniciens sont réparties au travers de tout le territoire. Pour animer la vie d'équipe, chaque chef d'équipe dispose d'une **équipe Teams**. C'est très pratique, en particulier avec la version mobile : elle permet aux équipiers de pouvoir collaborer même pendant les déplacements, uniquement avec un smartphone ou une tablette.

Dans chaque équipe Teams, plusieurs canaux permettent d'animer la vie d'équipe. On peut avoir par exemple un canal pour les réunions d'équipe, un canal pour échanger sur le suivi de planning, un canal pour échanger sur les méthodes ou pour s'entraider.

Un canal « sécurité » permet quant à lui de pouvoir échanger autour de ce thème. Le manager de l'équipe pourra pousser régulièrement des consignes ou des mises en garde. Les équipiers pourront poser des questions, demander confirmation sur des sujets de sécurité.

Dans ce canal, un onglet « produit dangereux » permettra d'intégrer **la liste des produits** qui se trouve dans l'espace QSE du hub d'entreprise. Ainsi les techniciens de l'équipe pourront consulter la liste des produits dangereux gérée par les responsables QSE, en un seul clic sans sortir de leur espace de travail Teams. Et bien entendu, toute mise à jour d'une information par le responsable qualité est automatiquement répercutée.

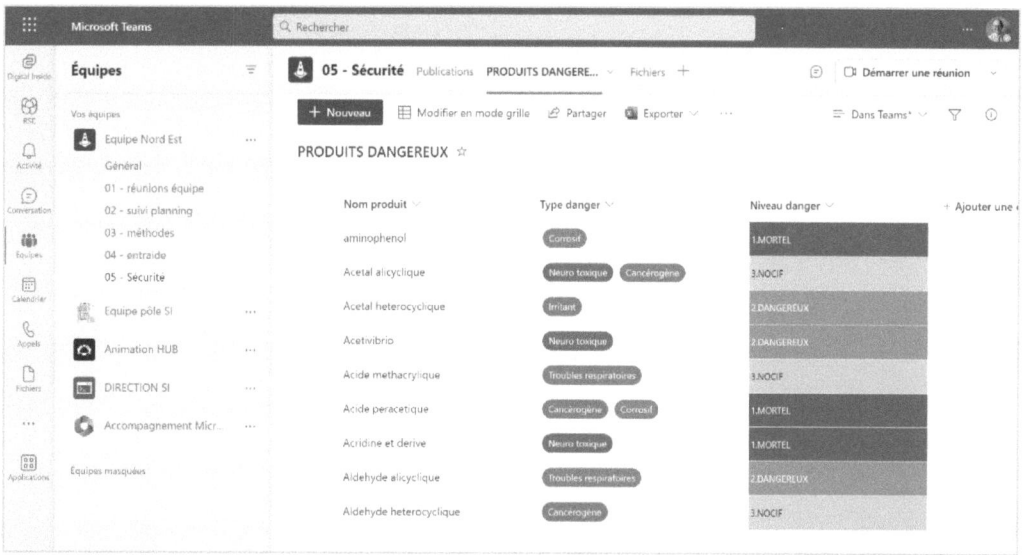

Intégration de la liste des produits dangereux dans un canal d'équipe Teams

Cet exemple illustre à lui seul la puissance des outils Teams et SharePoint qui, combinés, permettent aux collaborateurs de « consommer » les informations des espaces du hub d'entreprise dans n'importe quelle équipe Teams (à condition que les niveaux de droits soient suffisants), faisant du hub un « référentiel de connaissance » central et capital.

Cet exemple montre surtout la porosité que l'on a aujourd'hui entre ce qu'on considérait avant comme relevant du « simple intranet de communication » et les espaces de travail opérationnels que sont devenues les équipes Teams.

Pour cette raison, lorsqu'une direction de la communication interne en charge de la refonte de « l'intranet historique » cantonne le périmètre de son projet à la seule communication classique, et refuse d'élargir à ce type de scénario, elle prive toute l'entreprise de ces nouvelles opportunités inédites.

Si ces possibilités existent, reste à être capable d'imaginer les scénarios et à les mettre en place. C'est là toute la difficulté que l'on rencontre dans les entreprises et c'est ce qui explique que bien souvent, rares sont celles qui atteignent ces niveaux d'intégration. C'est bien dommage, les gains promis par ces outils se trouvent bien là et pas dans la visioconférence.

C'est en tout cas sur ces sujets que j'interviens, pour aider les entreprises à imaginer ces scénarios et à les mettre en place.

Les solutions Viva et la communication

Comme je l'ai évoqué dans les pages précédentes, les produits Microsoft Viva sont les petits derniers de Microsoft 365. Ces outils sont orientés « Employee Experience » (EX) : autrement dit, ces solutions ont pour focus le collaborateur, son bien-être et son développement.

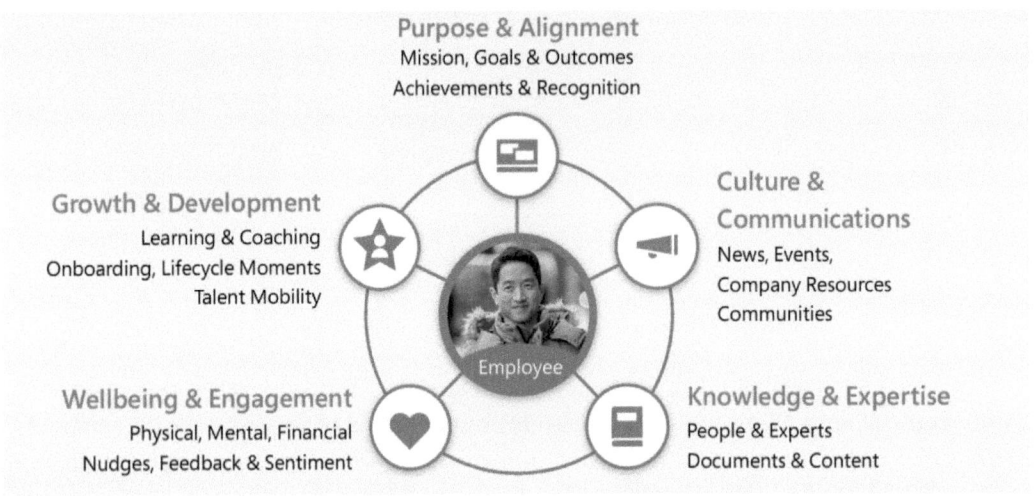

Illustration Microsoft

Viva est une collection de plusieurs outils dont les premiers étaient Viva connexion, Viva Learning, Viva Topics, Viva Insights. La famille s'est agrandie dernièrement avec d'autres solutions Viva déjà disponibles ou simplement annoncées, comme Viva Engage, Viva Amplify, Viva Goals, Viva Pulse, Viva Sales.

Ces outils ont une particularité commune : ils s'utilisent complètement et uniquement dans Teams, confirmant ainsi, s'il en était encore besoin, le positionnement de Teams comme un hub des outils du quotidien et de plus en plus comme une plateforme applicative.

Conclusion, si vous n'avez pas encore réussi à déployer correctement Teams au sein de votre entreprise (au-delà du simple usage de la visio et du chat), oubliez Viva pour le moment et concentrez-vous sur Teams qui constitue les fondations de Viva.

Les images utilisées ici sont extraites de présentations Microsoft 365. Merci à Patrick Guimonet pour ses explications claires, ses présentations en interne Abalon et ses réponses à toutes mes questions.

Viva connexion & Engage, indispensables pour la communication interne

Deux outils Viva sont à mon avis indispensables pour la communication interne : Viva Connexion et Viva Engage. Et par chance, ces outils sont compris dans le prix de vos licences, alors que la plupart des autres outils Viva nécessitent des licences complémentaires.

Viva connexion permet d'intégrer le hub d'entreprise dans Teams sur PC et mobile. Depuis Teams, une icône permet d'ouvrir le hub directement dans Teams, comme on le voit dans l'image en page suivante.

Un tableau de bord permet d'afficher des informations qui vont intéresser les collaborateurs (leurs tâches par exemple) et un flux d'information qui va remonter des actualités de SharePoint, Yammer, etc.

Viva connexion met donc le hub de l'entreprise au cœur de Teams, ce qui est très intéressant comme scénario d'usage, puisque Teams est lui-même au cœur du quotidien des salariés. Et si ce n'est pas encore le cas, soyez assuré que cela le deviendra tôt ou tard (mais faites en sorte que ça ne soit pas *trop* tard).

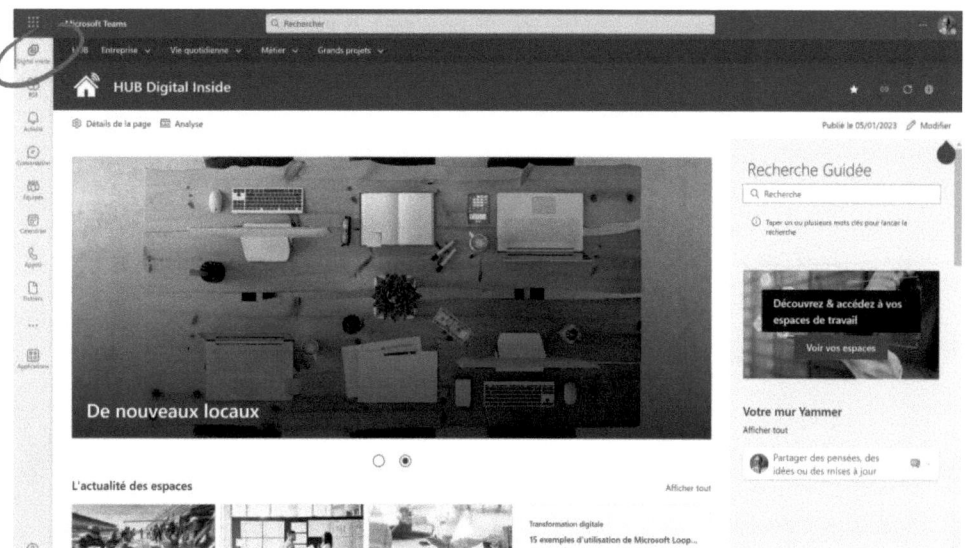

En haut à gauche, l'icône dans l'interface Teams qui permet d'ouvrir le hub dans Teams

Viva Engage embarque le réseau social d'entreprise Yammer au cœur de Teams. C'est une opportunité intéressante car sans cet outil, Yammer est « à côté de Teams » ce qui peut être perturbant pour les collaborateurs.

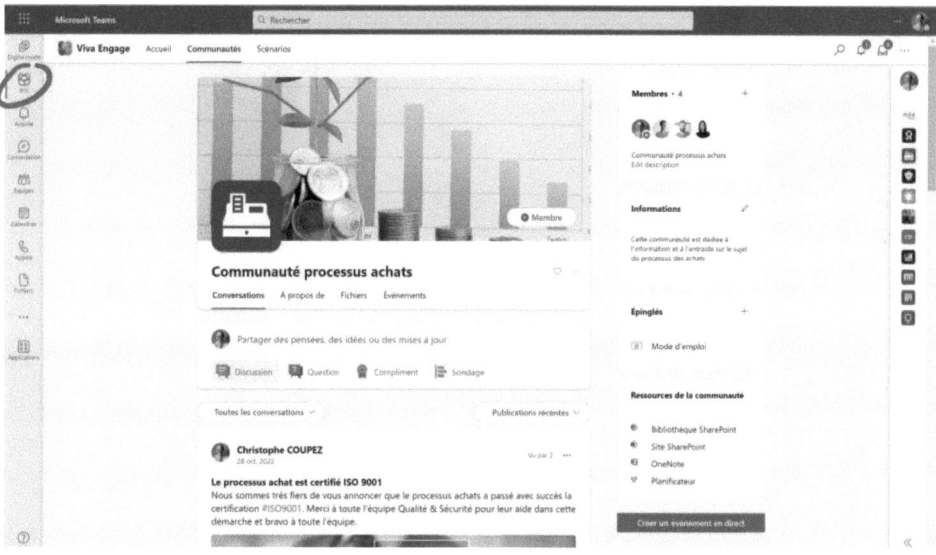

En haut à gauche, l'icône dans l'interface Teams qui permet d'ouvrir Yammer dans Teams

Viva Engage ne remplace pas Yammer, comme je l'ai entendu dire : au contraire, il le sublime et le remet au centre du jeu. Il rend le réseau social d'entreprise accessible et utilisable dans Teams depuis une simple icône. Autrement dit, Viva Engage « augmente Teams » en lui donnant une couche communicante, au travers de Yammer.

Viva Engage est un très puissant complément de Viva connexion car de cette manière, Teams rassemble tous les outils de communication, de partage et de collaboration en un seul outil.

Viva Amplify, le porte-voix de l'entreprise

A l'heure où j'écris ces lignes, la solution n'apparaît pas encore dans les solutions disponibles, mais elle a été annoncée et présentée au MS IGNITE 2022.

Viva Amplify porte bien son nom. L'outil permet *d'amplifier* un message en le diffusant sur tous les canaux de l'entreprise : Outlook, SharePoint, Teams, Yammer. Un système de validation permet de faire approuver la diffusion générale.

Il conviendra de tester cette solution le moment venu pour en identifier toutes les opportunités, mais aussi les limites car on ne communique pas de la même façon dans un mail (« bonjour, … cordialement »), que dans une communauté Yammer ni même dans une équipe Teams, et encore moins dans une page SharePoint.

Mais l'approche est intéressante.

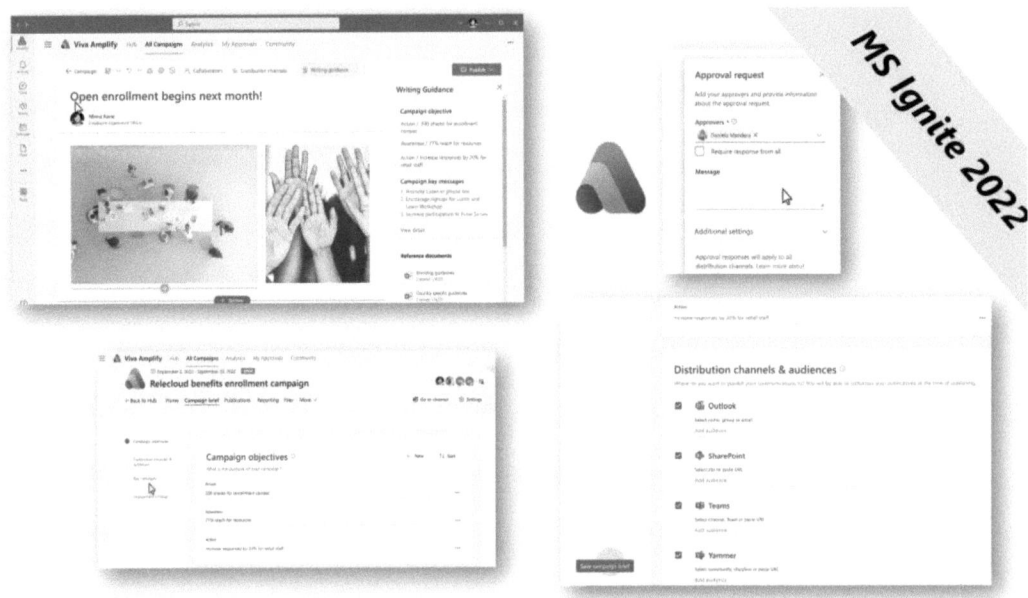

Illustration Microsoft ©

Viva Learning, Insights, Pulse, Goals, bien être et développement personnel

Est-ce que ces outils entrent dans le périmètre de ce qu'on appelle communément « la communication interne » ? En fait, c'est en fait à vous de répondre en lisant les rapides descriptions de ces solutions.

Viva Learning est une solution qui va permettre de porter une offre de « micro-formations » au sein de l'entreprise. Des modules peuvent être ainsi poussés auprès des collaborateurs. Ce sont des petites vidéos de formation ou des cursus complets (Learning paths, fonctionnalité récemment annoncée).

Certaines des fonctionnalités de Viva Learning sont comprises dans vos licences Microsoft 365 (F1/F3, E1/E3/Business et E5). D'autres sont en revanche payantes (connecteurs avec des solutions partenaires, suivi de la progression, etc).

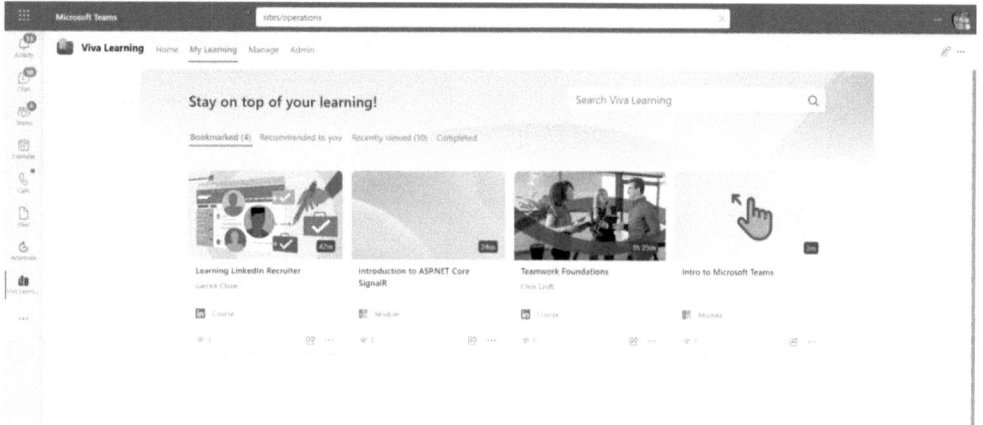

Illustration Microsoft ©

Viva Insights est l'outil par excellence de l'amélioration de l'expérience utilisateur : l'application prodigue des conseils de bien être aux collaborateurs et à leurs managers pour éviter les burn out (réduire les temps de connexion, etc). L'outil analyse les plannings, recommande de se réserver des plages de travail, etc. Vous connaissez peut-être déjà l'outil en parti si vous recevez de la part de Microsoft Viva un mail intitulé « *Votre e-mail de synthèse* ».

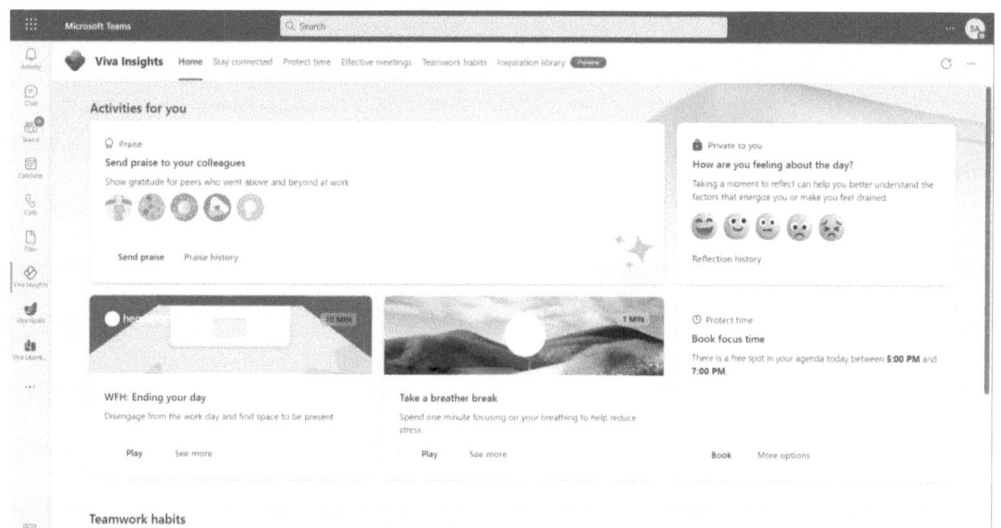

Illustration Microsoft ©

Viva Pulse est réservé aux managers et aux chefs d'équipe. Le principe est d'envoyer régulièrement des enquêtes aux membres de son équipe ou de son entité pour « prendre le pouls » des salariés sur différents sujets : compréhension des objectifs, bien être, etc. Viva pulse permet d'envoyer ces enquêtes régulièrement pour vous permettre d'en déduire l'évolution du ressenti des équipes.

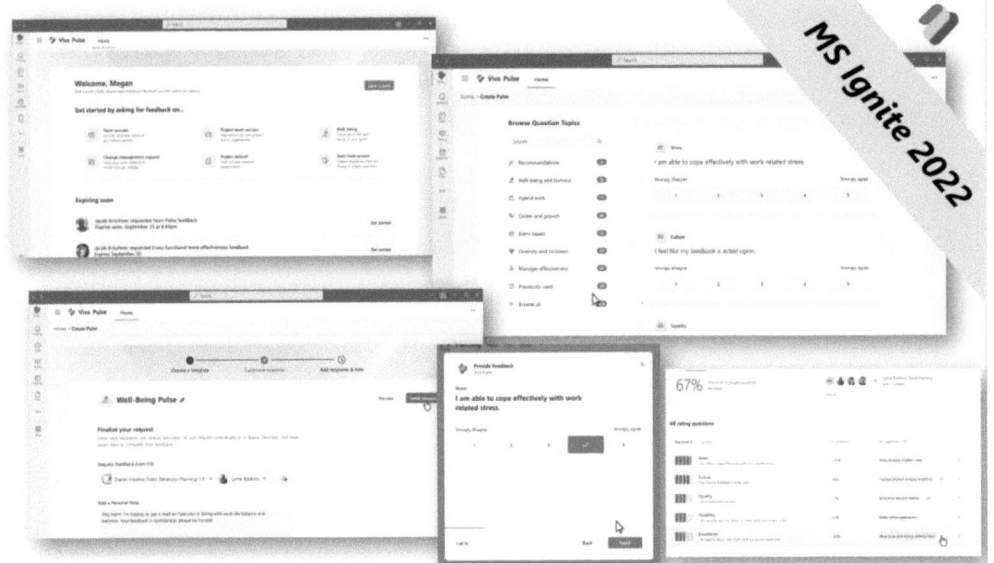

Illustration Microsoft ©

Viva Goals permet de définir des objectifs clairs et partagés avec tout le monde. L'approche est intéressante : on définit par exemple des objectifs au niveau de l'entreprise globale, et ces objectifs seront traduites en actions au niveau de chaque grande direction, et dans chaque direction au niveau de chaque entité, jusqu'à la petite équipe.

Par exemple, si l'objectif de mon entreprise est d'être une entreprise où les employés se sentent bien, Viva Goals permet de décrire les sous objectifs de chaque direction, de chaque équipe pour atteindre cet objectif. Au niveau du collaborateur, cela pourrait se traduire par « *être bienveillant* avec ses collègues », « *favoriser l'entraide* » ou « *être respectueux du travail des collègues* », etc.

Ainsi n'importe quel employé comprend l'impact de son travail ou de ses postures dans l'atteinte des objectifs de l'entreprise. C'est à mon sens un très bon outil pour redonner du sens au travail et permettre l'engagement des collaborateurs.

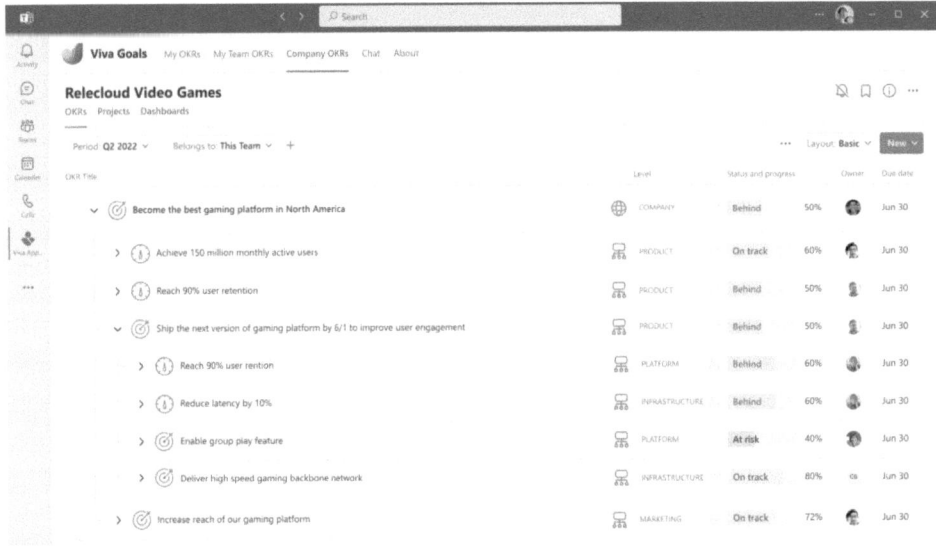

Illustration Microsoft ©

Viva Topics & Sales, des outils métier

Terminons par quelques derniers outils Viva qui ont une orientation beaucoup plus « métier » mais qui méritent d'être connus.

Viva Topics va permettre d'explorer les "sujets" importants de l'entreprise via une intelligence artificielle. Viva Topics va construire des pages sur ces sujets et agréger toutes les informations qui sont accessibles à l'utilisateur connecté. Par exemple il détectera qu'il existe un projet « ZEUS » dans l'entreprise et va entreprendre d'agréger dans une seule page toutes les informations trouvées dans Microsoft 365 sur ce sujet : acteurs du projets, documents, informations… En respectant bien entendu les droits d'accès.

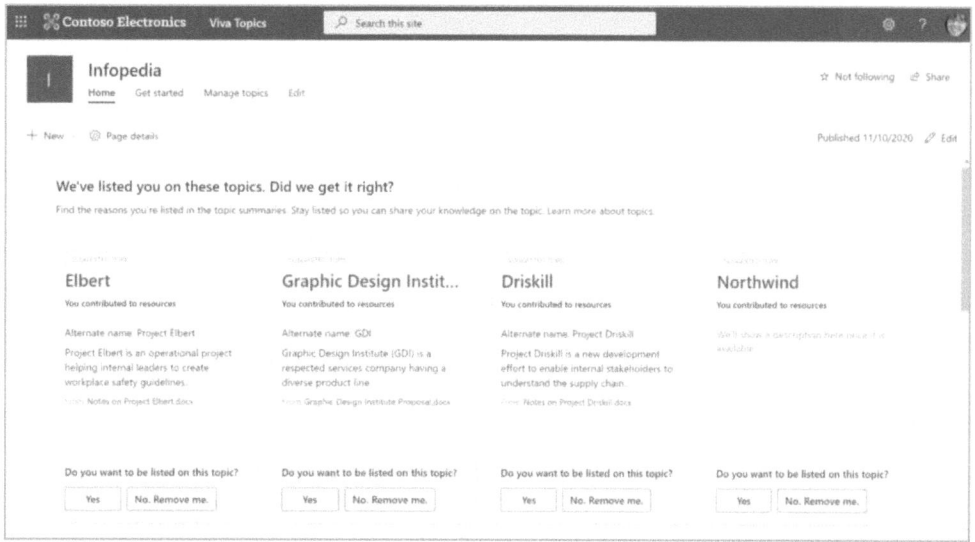

Illustration Microsoft ©

Viva Sales est plus un outil qui, si on résume rapidement, permet d'intégrer l'outil Dynamics dans Teams. Fort logiquement, Viva Sales cible les vendeurs. L'outil permet par exemple de saisir un nouveau client directement depuis une conversation dans Teams. D'autres fonctionnalités sont présentées, comme l'analyse de réunions par une IA pour déterminer des actions à faire.

Viva Sales s'intègre également dans Outlook, qui reste tout de même l'outil principal de communication avec les prospects.

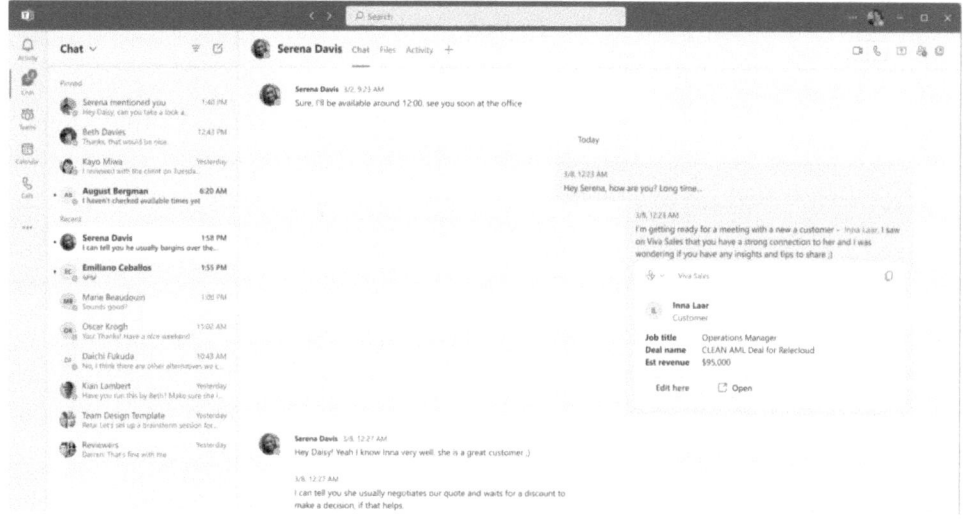

Illustration Microsoft ©

La conclusion sur les outils Viva

Les solutions Viva restent encore largement méconnues par les entreprises. C'est logique car ces produits sont récents, mais également, pour beaucoup d'entreprises, le déploiement sérieux des usages de Teams n'est même pas encore chose acquise.

Comme toutes les solutions Viva reposent sur Teams, cela confirme l'importance de réussir un réel déploiement de Teams au travers d'une vraie réinvention des scénarios de travail, et pas simplement l'utilisation des visioconférences ou du chat à la mode Skype.

Quelques solutions sont indispensables dans un scénario de communication interne réinventé avec Microsoft 365 : ce sont les solutions **Viva Connexion** et **Viva Engage**, qui ont l'avantage d'être intégrées dans le prix des licences Microsoft 365.

Viva Amplify, lorsqu'elle sera disponible aura largement sa place dans la liste des outils Viva utiles aux directions de la communication interne en apportant une solution de diffusion multi canaux. Mais elle reste à tester pour les raisons que j'avais évoquées.

Quant aux autres outils, beaucoup ont d'énormes potentiels pour soigner le bien être des salariés (Viva Insights et Viva Pulse), encourager l'engagement des collaborateurs (Viva Goals) ou les aider dans leur développement professionnel (Viva Learning).

Tout dépendra de l'ambition de l'entreprise dans ces domaines, des moyens qu'elle souhaite y consacrer (car beaucoup de ces licences sont payantes) et du déploiement (réussi ou pas) de Teams dans l'entreprise.

Utiliser Teams pour maîtriser le hub

C'est un point essentiel que j'avais abordé sur le chapitre consacré au hub d'entreprise : il est essentiel qu'il y ait un pilote dans l'avion. Comme un voilier, le hub doit se piloter au plus près du vent : il doit s'adapter aux nouveaux sujets qui apparaissent dans l'entreprise, s'enrichir de nouveaux contenus ou au contraire, se décharger de contenus qui n'ont plus d'intérêt pour l'entreprise.

J'avais également évoqué l'importance de mettre l'utilisateur au cœur du dispositif, en lui permettant de remonter ces suggestions et ces remarques dans le cadre de l'amélioration continue.

Une équipe Teams pour gérer la vie du Hub

Il y a donc logiquement une équipe qui aura la charge de l'animation du hub. Dans la plupart des cas cette équipe celle de la direction de la communication interne. Que cette équipe soit composée de seulement deux ou d'une dizaine de personnes, cela ne change rien : il faut mettre en place une solution de collaboration pour tracer les actions.

Ce que je recommande systématiquement à tous mes clients, c'est d'animer la vie du hub au travers d'une équipe Teams. Seront membres de cette équipe toutes les personnes en charge de sa supervision et de son évolution. Aucun échange de mails sur ce sujet.

On peut imaginer plusieurs canaux comme, par exemple, un canal pour échanger sur le planning de publication, un autre pour échanger sur les évolutions des espaces du Hub, un autre encore pour discuter du suivi des indicateurs et des statistiques.

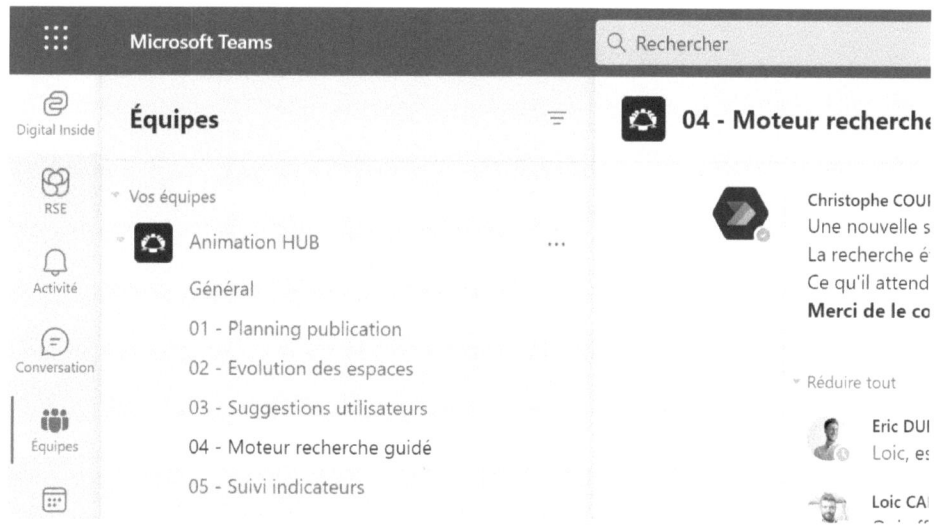

Exemple d'une équipe Teams d'animation du hub pour l'équipe de la communication interne

Et puis il est possible de créer des canaux pour traiter le retour des suggestions des utilisateurs.

Power Automate pour faire des notifications intelligentes

Donner la possibilité aux utilisateurs de contribuer à l'amélioration continue en postant des suggestions, c'est une très bonne démarche. La condition pour que cela fonctionne c'est de traiter très rapidement ces suggestions et de prendre contact avec l'utilisateur pour en lui indiquer que sa remarque est bien prise en compte.

Pour cela il faut que l'équipe en charge du hub soit notifiée de chaque contribution et que puisse s'engager une collaboration pour traiter l'information.

Depuis plus de trente ans, nous avons pris l'habitude de recevoir de mails pour être informé de tout et de n'importe quoi. Résultat : nos boîtes de réception regorgent de mails de notifications de toutes sortes. Non seulement ces notifications ne sont pas très visibles, mais les scénarios de collaboration autour de ces mails sont extrêmement pauvres.

Power Automate sera ici d'une grande aide : à chaque suggestion déposée par un utilisateur dans l'un des Forms (l'outil d'enquête), un traitement automatique Power Automate va créer une conversation dans le canal dédié au traitement des suggestions.

Comme on le voit ci-dessous dans cet exemple, chaque suggestion d'un collaborateur ouvre une conversation dans un canal dédié, dans laquelle les personnes en charge du hub échangent, s'interrogent et décident des actions à mener.

Grâce à ce scénario, les notifications ne sont plus simplement qu'une alerte : elles deviennent un moyen de dialoguer (sans mails) et de décider de façon rapide et fiable.

Exemple du canal dédié aux décisions de prise en compte des suggestions des collaborateurs de nouvelles entrées dans le « moteur de recherche guidé »

La communication interne réinventée

Voici (enfin) terminé ce grand tour d'horizon à la découverte des principaux concepts, usages et outils qui peuvent vous permettre de réinventer la communication interne de votre entreprise. En guise de conclusion et de synthèse, je souhaitais partager mes onze recommandations pour faire de cette vision une réalité.

Décidez de passer de la communication interne à la dynamique interne (ou pas ?)

Tout ce qui est décrit dans ce livre dépend de cette question centrale.

Est-ce que l'entreprise souhaite rester dans une logique de pure communication (= diffuser de l'information du haut de l'entreprise vers le bas) ou est-ce que l'ambition est (aussi) de « mettre en mouvement l'entreprise », c'est-à-dire donner la possibilité à chacun d'être acteur, de pouvoir agir et réagir, proposer, interagir comme cela été montré tout au long de ce livre ?

La réponse à cette question dépendra beaucoup de la culture d'entreprise, de l'esprit innovant ou au contraire très conservateur des décideurs à tout niveau : direction générale, direction de la communication interne, direction des systèmes d'information, direction des ressources humaines et toutes les directions opérationnelles.

Une chose est sûre, on ne peut plus se cacher derrière les outils pour justifier de rester dans une logique de simple communication. Aujourd'hui, toutes les entreprises qui disposent de licences Microsoft 365 ont potentiellement les moyens de mettre en place tout ce qui est décrit dans ce livre. Reste à déterminer si cette orientation est celle que veut prendre l'entreprise.

Lancez une démarche de transformation digitale interne

Tout ce qui est expliqué dans ce livre s'inscrit fort logiquement dans une démarche plus générale de transformation digitale interne, condition essentielle pour créer une dynamique compatible avec cette vision de la nouvelle communication interne, qui met en avant la collaboration et l'interaction avec Yammer et/ou Teams.

Malheureusement, très peu d'entreprises lancent une démarche pleine et entière qui soit réellement efficace.

Comme je l'ai expliqué dans ce livre, dans une grande majorité des cas, le déploiement de Microsoft 365 est abordé comme un classique projet informatique piloté par un chef de projet de la DSI mobilisé uniquement pendant trois ou quatre mois, avec comme seul plan d'action concret un plan classique de formation des salariés à Microsoft Teams. Ce n'est évidemment pas la bonne approche.

Comme je l'explique dans mon livre « [le digital interne d'entreprise](#) », une véritable démarche de transformation digitale interne d'entreprise, c'est bien plus que cela. C'est avant tout une ambition, des objectifs, une mobilisation à tous les niveaux (de toutes les directions, pas uniquement la DSI), un effort de sensibilisation, un accompagnement des collaborateurs pas uniquement aux outils mais surtout aux nouveaux scénarios de travail avec ces outils et aux nouvelles postures.

C'est au travers de cette démarche que l'on pourra expliquer aux collaborateurs les postures qu'on attend d'eux et surtout qu'on attend de leurs managers qui jouent un rôle crucial dans la réussite de cette démarche.

Nommez un responsable de la transformation digitale interne

Ce qui complique l'adoption des outils de Microsoft 365 c'est que les entreprises abordent chaque sujet séparément, sans prendre en compte que tout est lié comme je l'explique dans mon article « [Microsoft 365 : tout est lié](#) » publié sur le site Digital-inside.fr.

Par exemple, une direction de la communication qui limiterait le périmètre de la refonte de son intranet uniquement à de la simple communication (car c'est ce qui est inscrit dans ses missions) priverait l'entreprise des apports opérationnels d'un hub d'entreprise, et ne permettrait pas d'établir une stratégie documentaire cohérente.

De la même façon, ne pas penser le hub d'entreprise dans le cadre plus général de l'usage de Teams au quotidien, comme nous l'avons vu au travers de quelques exemples (notamment avec Viva connexion par exemple), empêcherait l'entreprise de mettre en œuvre les scénarios qui font réellement la force des outils de Microsoft 365.

Bref, tout est lié et pour cette raison, il est important qu'il existe au sein de l'entreprise une personne qui ait une vision globale du digital interne, avec Microsoft 365 mais aussi les autres outils de l'entreprise.

Vous pouvez appeler cette personne comme vous le voudrez : « *digital manager* » ou « *Chief Digital Officer* » si vous aimez les titres en anglais qui font sérieux.

Personnellement, je préfère le titre bien français de « *responsable de la transformation digitale interne et de l'efficacité individuelle et collective* ». C'est moins glamour et plus verbeux mais ce titre a le mérite d'être très clair sur les responsabilités de cette personne et ses missions.

Cette personne aura plusieurs missions qui seront détaillées dans un projet article à paraître prochainement dans le site Digital-inside.fr. Citons en particulier la mission de veiller à ce que les usages digitaux soient cohérents dans l'entreprise.

Osez aller au-delà de l'intranet, et surtout, allez-y autrement

Vous l'avez compris, le concept de hub va bien au-delà de l'intranet historique, tel qu'on le connaît depuis le début des années 2000.

L'approche que je décris dans ce livre est disruptive sur plusieurs points.

Le positionnement est différent : le hub a pour ambition d'être avant tout un outil métier en même temps qu'un outil de communication. L'architecture par le hub SharePoint tranche avec la vision « sites / sous sites » que l'on a connu dans le passé avec SharePoint. La structuration des espaces par thématique et non par organisation est différente ce dont on a l'habitude de faire depuis vingt ans, en créant des silos étanches par grande direction. La liste est loin d'être exhaustive.

L'approche de conception et de construction dont je fais ici la promotion n'a rien à voir non plus avec une approche classique typique d'un projet informatique en cycle en V. Cette approche peut faire peur autant à la maîtrise d'ouvrage de l'intranet qu'aux équipes de la direction informatique qui envisagent forcément tout projet d'intranet sous l'angle d'un développement informatique long et coûteux.

En tout cas, les témoignages que vous avez découverts dans ce livre montrent que des entreprises, petites et grandes osent faire ce pari et le gagnent. Mais c'est une décision qui n'est pas facile à prendre dans des sociétés aux processus décisionnels très procéduriers et très conservateurs qui ne permettent pas de sortir des cases pré établies.

Osez la communication zéro mail

C'est bien le point le plus difficile qu'implique cette nouvelle forme de communication interne. Car décider de ne plus envoyer de mails de communication, c'est bousculer un totem d'entreprise.

C'est compliqué à envisager du côté des communicants qui vont avoir l'impression de ne plus « toucher » les collaborateurs sans envoyer de mails, (…) avant de s'apercevoir du contraire grâce aux statistiques des vues dont ils disposeront avec Yammer.

C'est compliqué à imaginer du côté des collaborateurs qui vont devoir apprendre à s'abonner à des communautés thématiques et à ne plus recevoir de mails, (…) avant de s'apercevoir de la facilité avec laquelle ils vont retrouver l'information.

C'est compliqué à accepter du côté des dirigeants pour qui l'envoi de mails de communication est souvent la seule forme de communication qu'ils connaissent et qu'ils acceptent.

Oser la communication zéro mail c'est le vrai grand saut à faire, après plus de trente années d'usage intensif des messageries pour communiquer sur tous les sujets.

Placez Teams au centre du jeu

Comme je l'expliquais dans ce livre, les deux sujets « communication d'entreprise » et « travail opérationnel au sein des métiers » n'ont jamais été aussi poreux, du fait de l'intégration des contenus du hub d'entreprise dans les espaces de travail Teams.

Comme vous l'avez découvert, il est désormais possible de créer des espaces travail complets pour les collaborateurs, au travers d'équipes Teams, qui permettent à leurs utilisateurs de « consommer » les informations exposées dans les espaces du hub d'entreprise qu'on appelait jadis « l'intranet ».

Le hub devient ainsi un outil métier, une sorte d'API (interface applicative) de la connaissance d'entreprise pour les espaces de travail qui ont besoin de certaines informations comme les normes de qualité, les fichiers d'espaces documentaires. Cela ouvre la porte à des scénarios de travail inédits qu'il aurait été impossible d'imaginer il y a encore quelques années.

Les solutions Microsoft Viva dont nous avons parlées dans le chapitre précédent, en particulier Viva connexion et Viva Engage, ancrent la communication au cœur de Teams, confirmant la position centrale de cet outil dans l'écosystème digital de l'entreprise.

Les scénarios de collaboration, en particulier avec Power Automate, ajoutent de nouvelles opportunités, comme nous avons pu le découvrir dans les pages précédentes avec les notifications intelligentes.

Bref, il n'est plus permis d'en douter : Microsoft Teams est bel et bien une pièce majeure et centrale, une sorte de clé de voute qui donne à tout l'écosystème sa vraie cohérence.

Digitalisez les processus métier

Parce que le hub est la porte d'entrée de l'entreprise, il permet d'exposer facilement des services.

Ces services, ce sont par exemple des processus simples ou complexes, métier ou pratiques. On peut imaginer par exemple les demandes de congés, la déclaration des notes de frais, ou comme ce qui a été réalisé par Abalon pour ses propres besoins, un outil de déclaration d'activité (CRA) - voir la vidéo « _Réinventer la réponse DSI avec la Power Platform_ » publiée dans le site www.digital-inside.fr/videos.

Comme j'ai pu vous l'expliquer, si ces processus étaient jusqu'alors longs et coûteux à réaliser, la Power Platform de Microsoft 365 offre aujourd'hui des solutions rapides et efficaces pour digitaliser ces processus et les exposer à toute l'entreprise au travers du hub d'entreprise.

Bien entendu, ces processus ne sont pas sous la responsabilité de la direction de la communication interne, mais chaque entité a désormais la capacité à le faire et disposera d'un hub d'entreprise pour les rendre visibles et accessibles, ce qui n'était pas forcément le cas auparavant.

Formez les bonnes personnes

Quelle que soit la technologie ou les outils utilisés, la compétence, la rigueur et le talent des femmes et des hommes qui vont les utiliser feront toute la différence.

Comme nous l'avons évoqué dans ce livre, les compétences en matière de communication se font rares. Savoir communiquer sur les bons sujets au bon moment, savoir rédiger ou faire des supports vidéo, avoir l'implication professionnelle nécessaire pour faire de la qualité sont des prérequis pour une communauté pertinente et efficace. Sur ces points Microsoft 365 ne pourra pas vous aider. Mais demain, qui sait ?

En revanche, vous avez pu voir qu'avec les nouvelles approches du hub et la nouvelle version de SharePoint dont l'utilisation est beaucoup plus simple, il est possible de déléguer la communication à des personnels du terrain. Reste à trouver les bonnes personnes, à bien les former et à bien les accompagner, notamment au travers d'une équipe Teams et de vidéos.

Donnez un pilote à votre hub

Contrairement à ce que l'on pense, le projet du hub d'entreprise ne s'arrête pas le jour de son ouverture : ce jour particulier marque au contraire le début d'une démarche qui s'inscrit dans la durée.

Comme je l'ai dit dans ce livre, mettre en place un hub d'entreprise, c'est faire une promesse : la promesse de mettre à disposition des collaborateurs un dispositif à jour, qui corresponde au contexte (changeant) de l'entreprise et de rendre les contenus facilement accessibles (notamment avec la recherche guidée).

Pour tenir cette promesse, il faut un « superviseur » comme cela a été expliqué en détail. Ses missions sont multiples, et son rôle est crucial comme nous l'avons évoqué.

Obtenez le soutien de la direction générale

Comme pour beaucoup de projets d'entreprise, le soutien de la direction générale est crucial dans une telle démarche qui nécessite de prendre des décisions fortes.

Créer un hub d'entreprise, déployer un réseau social d'entreprise, arrêter la communication par les mails, permettre aux collaborateurs de réagir, de proposer, d'interagir, … ce ne sont pas des décisions faciles à prendre. Surtout si les décideurs n'ont pas une idée claire des opportunités pour leur entreprise, et s'ils n'ont pas une vision réaliste des risques, basée sur des faits et non sur des peurs.

La réussite dépendra principalement du soutien et du sponsoring fort de la direction générale. Mais il dépendra également de l'acceptation des dirigeants à s'impliquer personnellement, en étant eux-mêmes utilisateurs pour communiquer et réagir avec les salariés de l'entreprise. Cette implication marquera un tournant dans la culture d'entreprise.

Mesurez l'empreinte carbone de votre communication interne d'entreprise

L'empreinte carbone de l'entreprise devient de plus en plus un enjeu primordial. Dans certains grands groupes, comme BOUYGUES par exemple, les filiales et directions ont des objectifs de réduction de l'empreinte carbone de leurs activités.

Olivier HOBERDON directeur des systèmes d'information de BOUYGUES SA (holding) est particulièrement engagé dans ce combat.

Et comme cela a été évoqué dans le livre, l'empreinte carbone d'une stratégie de communication uniquement basée sur le mail n'a rien à voir avec une stratégie de communication digitale reposant sur Yammer par exemple.

Dans le premier cas, une campagne de communication avec une pièce jointe de quelques méga octets vers plusieurs milliers de collaborateurs va peser très lourd en tonnes équivalent carbone du fait du stockage des mails sur l'infrastructure messagerie, alourdis des pièces jointes plus ou moins volumineuses.

A l'opposé, la même campagne avec seul post dans une communauté d'entreprise ne pèsera quasiment rien : juste le poids de la pièce jointe qui sera partagée et non dupliquée plusieurs milliers de fois. Aujourd'hui, c'est un argument qui compte pour la planète, pour vos dirigeants et pour vos salariés.

Si le sujet de l'empreinte carbone de vos usages numériques avec Microsoft 365 vous intéresse, je vous recommande mon livre blanc sur le sujet

Disponible sur mon site :
https://www.digital-inside.fr/livresblancs

Imaginer l'avenir

Mes quinze années chez Bouygues Telecom ont été pour moi un formidable laboratoire d'expérimentation sur les domaines des approches intranet (dès 2000), du collaboratif (déploiement de SharePoint en 2001), de l'intranet mobile (dès 2005), du réseau social d'entreprise (déployé en 2011) et des outils métier web.

J'évoque cette aventure dans ma brochure de départ de Bouygues Telecom, disponible dans la page https://www.digital-inside.fr/aventure-bouyguestelecom.

Toutes mes approches découlent de ces expérimentations dans un contexte technologique important et au sein d'une entreprise en mouvement constant. Et ce que j'en retiens, c'est qu'il faut toujours imaginer l'avenir pour en tirer toutes les opportunités.

Et si l'avenir, c'était déjà aujourd'hui ?

Naviguer dans le hub avec des lunettes de réalité virtuelle

Personne n'en parle, mais depuis quelques années, SharePoint Spaces permet d'intégrer des pages 360° dans vos sites SharePoint, que vous pouvez explorer avec des lunettes de réalité virtuelle, ou simplement avec votre écran et votre souris.

J'ai eu l'occasion en 2020, avec Romain CADIOU en charge du développement des usages digitaux chez BOUYGUES SA, de mettre en place un espace 360° pour faire un démonstrateur de ces possibilités.

L'utilisateur est visuellement immergé au cœur du magnifique hall du 32 avenue Hoche, le siège social du Groupe Bouygues. La vidéo de démonstration est disponible sur le site : www.digital-inside.fr/videos.

Une capture d'écran d'une visite 360° de l'espace des tutoriels au cœur du hall du siège social de Bouygues SA

Proposer des espaces virtuels (metaverse)

Le metaverse a été un grand sujet d'actualité au cours de ces derniers mois.

Présenté comme le nouvel âge d'internet, le metaverse est (pour faire court) un univers virtuel où l'on peut être en immersion et/ou en réalité augmentée. Vous pouvez voir une vidéo d'explication de Microsoft dans cette vidéo : https://bit.ly/microsoft-metaverse

Les cas d'usage sont nombreux. Si on se cantonne à la communication interne, on peut imaginer une copie numérique du siège de l'entreprise, pour un rassemblement virtuel des collaborateurs qui se retrouveraient virtuellement sous formes d'avatars qui peuvent se promener dans le bâtiment, aller de salles de conférence en salles d'exposition et converser avec d'autres collègues.

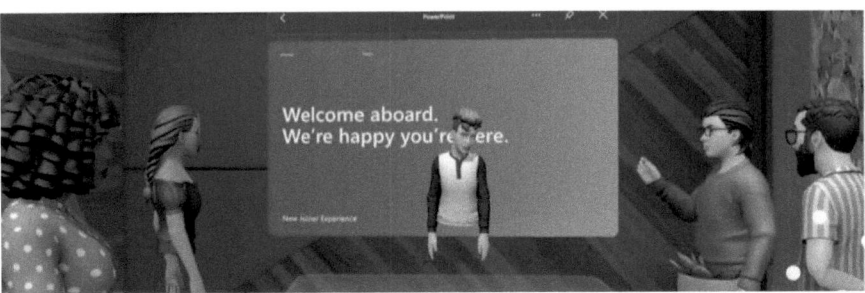

Extrait de la vidéo Microsoft https://bit.ly/microsoft-metaverse

Si vous trouverez que ça ressemble plus à un jeu vidéo qu'à un outil de travail, je suis un peu de cet avis (pour le moment). Mais gardons-nous d'insulter l'avenir en disant que c'est une mode qui passera : c'est ce que beaucoup disaient d'internet au début des années 1990. On sait aujourd'hui ce qu'il en est.

Poser des questions dans le hub et obtenir des réponses

Ce n'est pas une nouveauté : sur certains sites internet, depuis plusieurs années, vous pouvez rencontrer un agent conversationnel à qui vous pouvez poser des questions simples en langage naturel. L'agent vous répondra avec plus ou moins de bonheur.

C'est moins courant de rencontrer ces agents sur les intranets et hub d'entreprise car la mise en œuvre n'était pas simple ou était onéreuse.

Aujourd'hui Power Virtual Agents, un des outils de la Power Platform, permet de créer sans développement informatique ce qu'on appelle une « bot » conversationnel qui comprend le langage naturel et qui peut réaliser des actions.

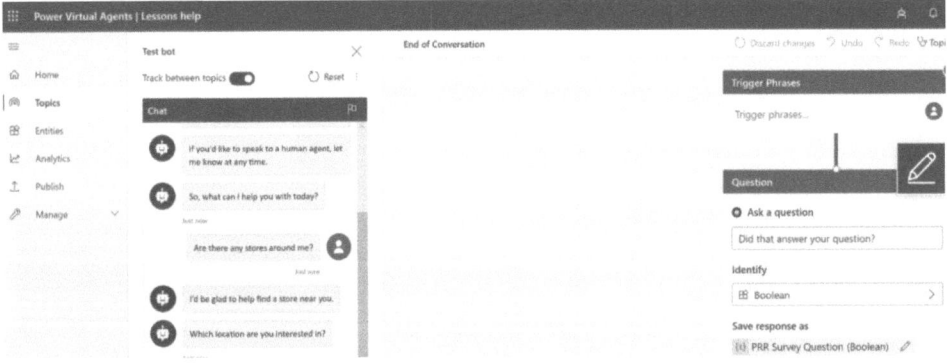

L'interface de Power Virtual Agents, image Microsoft

Il est alors possible d'intégrer des scénarios simples basés sur des questions / réponses / actions : le collaborateur pose une question, le « bot » comprend et donne les réponses, puis potentiellement pose à son tour des questions pour faire une action. Par exemple :

Salarié : « je voudrais connaître le nombre de jours de congés qu'il me reste »

Agent virtuel : « il vous reste 2 jours de RTT, 3 jours de congés payés. Souhaitez-vous poser un jour d'absence ? »

Salarié : « oui »

Agent virtuel : « Parfait. Pouvez-vous m'indiquer la date, le type d'absence et le nombre de jours ? »

Salarié : « 3 jours de congés payés du 26 décembre au 30 décembre »

Agent virtuel : « c'est noté. J'ai fait l'action. Vous allez recevoir dans Teams une notification pour valider l'opération. Avez-vous besoin d'autre chose ? »

Salarié : « non »

Agent Virtuel : « Parfait, merci de m'avoir sollicité et bonne journée »

Bien entendu, il n'y a rien de magique et la réalisation de ce scénario dépendra par exemple de la capacité pour ce traitement de réaliser des opérations dans l'outil de gestion des congés. Néanmoins, Power Virtual Agents va énormément faciliter ce scénario.

Utiliser l'intelligence artificielle pour définir les centres d'intérêt des salariés

On l'a évoqué dans le livre, une des difficultés est de savoir qui-est-concerné-par-quoi. Le plus simple intellectuellement parlant, c'est de créer des groupes de personnes en s'appuyant par exemple, sur leur appartenance à des entités et/ou en fonction de leur métier. Ou encore de compter sur leurs adhésions à des communautés Yammer.

Mais depuis plusieurs années, Microsoft 365 dispose de Microsoft Graph qui permet de créer des expériences adaptées en étudiant les usages du collaborateur. On pourrait ainsi lui proposer des communautés qui correspondent aux sujets qu'il traite actuellement, lui recommander de se mettre en relation avec telle ou telle personne qui travaille sur les mêmes sujets.

Des outils comme Viva Insights ou Viva Topics s'appuient beaucoup sur cette technologie qui s'améliore avec les progrès des IA.

Illustration Microsoft

Utiliser l'intelligence artificielle pour assister la communication interne

Face à la difficulté de trouver des compétences internes en communication et en rédaction, serait-il possible dans l'avenir, qu'une direction de la communication interne se fasse aider par une intelligence artificielle ?

Ça pourrait bien être le cas et dans pas si longtemps, car à l'heure où sont écrites ces lignes, Microsoft vient d'annoncer qu'ils allaient investir des milliards de dollars dans la société OpenAI qui a créé ChatGPT (https://chat.openai.com/chat)

Vous ne savez pas ce qu'est ChatGPT ? Je lui ai posé la question pour vous :

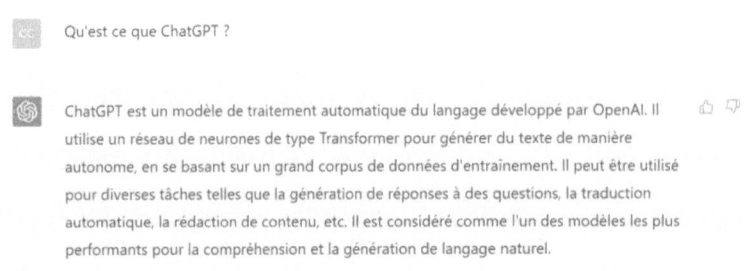

Avec ChatGPT, la pertinence du dialogue en langage naturel et des réponses est déjà très impressionnante. Mais ce sont ses capacités à créer du texte qui pourraient bien révolutionner à termes notre manière d'appréhender la communication interne, avec Microsoft 365.

Mais sur ce sujet, laissons à ChatGPT le dernier mot, pour clôturer ce livre :

> Comment peux-tu aider les entreprises à mieux gérer leur communication avec les employés?

> ChatGPT peut aider les entreprises à mieux gérer leur communication avec les employés en utilisant sa capacité à générer du texte de manière autonome. Il peut être utilisé pour :
>
> * Générer automatiquement des réponses à des questions fréquentes posées par les employés, afin de faciliter l'accès à l'information et de réduire les délais de réponse.
> * Rédiger des communications internes telles que des annonces, des mises à jour sur les projets, des rapports, etc. de manière efficace et rapide, cela permet de gagner du temps et de la productivité.
> * Générer des transcriptions automatiques de réunions ou de séances de formation pour rendre ces informations plus accessibles et faciles à retrouver.
> * Aider les employés non-anglophones à comprendre les communications en anglais, grâce à la traduction automatique.
> * Créer des scénarios de conversation pour des chatbot pour permettre aux employés de poser des questions et obtenir des réponses de manière automatique en temps réel.
>
> En utilisant ChatGPT pour automatiser certaines tâches de communication, les entreprises peuvent se concentrer sur des tâches plus importantes et améliorer la qualité de leur communication avec les employés.

Besoin d'aide ?

J'espère que ce livre vous aura permis de découvrir de belles opportunités pour votre entreprise. S'il a fait naître une nouvelle ambition et que vous avez besoin de conseils et d'accompagnement pour la mise en œuvre, n'hésitez pas à me contacter.

Me contacter : https://www.digital-inside.fr/contact

LinkedIn : https://www.linkedin.com/in/ccoupez/

Avec mes collègues de la société ABALON nous pouvons vous accompagner sur toute la chaîne de valeur de Microsoft 365 :

- **Définir une stratégie de déploiement de Microsoft 365** (découvrir) : définir une ambition, établir un plan d'actions, préparer la démarche de transformation, définir une gouvernance, sensibiliser les principaux acteurs, etc.

- **Gagner en efficacité et en productivité** (découvrir) : accompagner vos équipes dans la définition de nouveaux scénarios avec Teams, SharePoint, mais aussi tous les autres outils moins connus mais tout aussi essentiels comme To Do, Forms, Planner, Lists,…

- **Former les collaborateurs aux outils** (découvrir) : bénéficier de l'expérience Abalon au travers d'une solution d'accompagnement hybride formation / vidéos avec la solution « Les Essentiels 365 ».

- **Digitaliser vos processus** (découvrir) : accompagner vos équipes dans le déploiement et la maîtrise des solutions de la Power Platform (Power Automate, Power Apps, Power BI, etc), digitaliser vos processus les plus complexes, …

- **Sécuriser votre entreprise** (découvrir) : mettre en place toutes les sécurités de Microsoft 365 contre la cyber criminalité et bénéficier de tous les conseils.

- **Maîtriser la conformité RGPD** (découvrir) : déployer les solutions pour maîtriser la conformité RGPD de votre entreprise et réduire le risque de fuite de données.

- **Mettre en place une stratégie documentaire** (découvrir) : apporter une vraie stratégie documentaire à votre entreprise en exploitant toutes les possibilités de SharePoint.

- **Réinventer votre intranet / hub d'entreprise** (découvrir) : mettre en place votre nouvel intranet en vous guidant vers le concept du hub d'entreprise. Mais je n'en dis pas plus : vous savez maintenant de quoi il s'agit ;-) !